www.wunderkessel.de

Lieblingsrezepte
Band 2

Warum Sie dieses Buch lieben werden

Bewährt, gelingsicher und schmackhaft

Unter diesem Motto haben wir für Sie in unserer Wunderkessel-Buchreihe eine Auswahl beliebter und gelingsicherer Rezepte aus der umfangreichen Wunderkessel.de-Rezeptsammlung zusammengestellt. Weitere Bände mit unterschiedlichen Themenschwerpunkten wie zum Beispiel kalorienreduzierte oder saisonale Rezepte, sowie Spezialitäten aus verschiedenen Regionen und Ländern werden folgen.

Praktisch, schnell und gut

Behalten Sie den Überblick!
Der übersichtliche zweispaltige Aufbau der Rezepte ermöglicht es Ihnen, sämtliche Zutaten für die Einkaufsliste auf einen Blick zu erfassen. Durch die direkte Verknüpfung von Zutaten und den dazugehörigen Arbeitsschritten können Sie das jeweilige Rezept systematisch von oben nach unten „abarbeiten“.
Die vorliegenden Rezepte sind für den Wunderkessel 31 verfasst, abweichende Zubereitungsangaben für den Wunderkessel 21 befinden sich in Klammern.

Ein Rezept – viele Möglichkeiten

Bleiben Sie flexibel!
Die zahlreichen praxistauglichen Anmerkungen, Rezeptvarianten und Serviervorschläge helfen Ihnen, die Rezepte Ihrem ganz persönlichen Geschmack, dem individuellen Anlass und dem Inhalt Ihres Vorratsschrankes anzupassen.
Für jeden Geschmack und jede Gelegenheit ist etwas dabei.

Mehr als nur ein Buch

Unter ***http://www.wunderkessel-kochbuch.de*** finden Sie weitere kostenlose Ergänzungen zu unseren Kochbüchern, wie beispielsweise Zutatenindex, Rezeptfotos, Gesamtinhaltsverzeichnis aller Bände und vieles mehr.

Viel Spaß beim Nachkochen!

Barbara Böing, Melanie Winkler-Vorbeck u. Sacha Vorbeck
März 2010

Über Wunderkessel.de

Wunderkessel.de ist die größte Internetcommunity rund um das Thema Kochen mit Küchenmaschinen, insbesondere mit dem „Wunderkessel“!

Tausende begeisterte Köchinnen und Köche haben in den Austauschforen im Laufe der letzten 9 Jahre weit über 12.000 Rezepte zusammengetragen, getestet und kommentiert — und täglich werden es mehr! In angenehmer Atmosphäre tauscht man sich hier aber längst nicht mehr nur über Rezepte aus. Viele Teilnehmer kennen sich mittlerweile von zahlreichen regionalen und überregionalen Treffen schon persönlich. „Wunderkesseln“ steckt an.

Wir freuen uns auf Ihren Besuch unter

http://www.wunderkessel.de/

Bleiben Sie auf dem Laufenden!

Wenn Sie auch zukünftig über unsere Neuerscheinungen informiert werden wollen, dann schreiben Sie uns doch einfach eine E-Mail mit dem Betreff „Newsletter“ an:

info@wunderkessel.de

DANKE!

Wir möchten uns herzlich bei all den fleißigen Rezeptschreiberlingen im Wunderkessel-Forum bedanken. Ohne Euch wäre dieses Buch nie entstanden! Danke auch an Ulrike Charlier und Elke Schönbach für die fachlich kompetente Unterstützung, an Anselm Cosler für die spontane Hilfestellung beim Cover-Layout und Oxana Gorban für die Umsetzung! Ein dickes Dankeschön geht besonders an unsere Familien, die einige Entbehrungen in Kauf genommen und uns immer unterstützt haben. Ihr seid spitze!

Inhaltsverzeichnis

BROT

BRÖTCHEN

BROTAUFSTRICHE

DIPPS

SÜSSES

EIS

GETRÄNKE MIT ALKOHOL

GETRÄNKE OHNE ALKOHOL

TORTEN, KUCHEN UND GEBÄCK

Toastbrot

500 g	**Weizenmehl (Type 550)**	
1 EL	**Sauerteigpulver**	
½ Wü	**Hefe**	
evtl. 1 TL	**Malzmehl**	
1 TL	**Zucker**	
1 TL	**Salz**	
1 EL	**Öl**	
250 g	**Wasser**	in den Mixtopf geben und 3 Minuten / Teigstufe zu einem geschmeidigen Teig kneten. Im Mixtopf ca. 20 Minuten gehen lassen und anschließend nochmals 1 Minute / Teigstufe kneten. Den Teig herausnehmen, zu einer Rolle formen, diese in eine gefettete Kastenform geben und dort abgedeckt weitere 30 Minuten gehen lassen. Anschließend bei 200° im vorgeheizten Backofen ca. 40 bis 50 Minuten backen.

Anmerkungen:

- Malzmehl (Backmalz oder auch Weizenmalzmehl genannt) ist ein Backtriebmittel, welches die Hefegärung beschleunigt, das Backvolumen optimiert, die Kruste optimal bräunt und die Backware länger frisch hält. Es ist z.B. in einer gut sortierten Mühle erhältlich.
- Das Brot schmeckt auch am 2. Tag noch sehr frisch.
- Im Handel gibt es spezielle Backformen (mit Deckel) für Toastbrot.

Rezeptvariante:

- Wasser durch Buttermilch ersetzen.

Stangenweißbrot, feines (2 Stück)

500 g	**Weizenmehl (Type 550)**	
1 Wü	**Hefe**	
2 TL	**Salz**	
1 Pr	**Zucker**	
200 g	**Frischkäse**	
200 g	**Wasser**	in den Mixtopf geben und 2 Minuten / Teigstufe kneten. Den Teig entnehmen und daraus zwei Stangen formen. Anschließend die Rohlinge auf ein Backblech geben, mit einem scharfen Messer schräg einschneiden und bei 50° im Backofen 10 bis 20 Minuten gehen lassen. Dann den Backofen auf 200° hochschalten und weitere 20 bis 25 Minuten backen.

Anmerkungen:

- Wenn der Teig zu weich ist, noch etwas Mehl zugeben.
- Frischkäse lässt sich einfach selbst herstellen. Ein entsprechendes Rezept finden Sie in unserem Band 1.

Rezeptvarianten:

- Als Brötchen backen (ergibt ca. 10 Stück).
- Einen Teil Mehl durch gemahlenen Dinkel / Weizen oder anderes Vollkornmehl ersetzen.
- Kräuterfrischkäse oder auch Tsatsiki-Frischkäse verwenden.
- Röstzwiebeln unterkneten.
- Für eine süße Variante 80 bis 100 g Zucker zugeben. Vorsicht: Die Brötchen bräunen dann schneller!

Bauernbrot „Schweizer Art“

300 g	**Milch**	
300 g	**Wasser**	
1 Wü	**Hefe**	
etw	**Zucker**	in den Mixtopf geben und 1 Minute / 37° / Stufe 2 (1 Minute / 40° / Stufe 2) erwärmen.
550 g	**Weizenmehl (Type 1050)**	
250 g	**Roggenmehl (Type 1150)**	
50 g	**Weizensauerteig (getrocknet)**	
20 g	**Salz**	zugeben und alles 3 Minuten / Teigstufe kneten. Den Teig im Mixtopf so lange gehen lassen, bis er das Loch im Deckel erreicht hat. Anschließend nochmals 1½ Minuten / Teigstufe kneten. Den Teig nun auf eine gut bemehlte Arbeitsfläche geben, zu einem großen Laib (oder zwei kleinere Laibe) formen, auf ein mit Backpapier ausgelegtes Backblech legen und abgedeckt ca. 45 Minuten gehen lassen. Danach mit einem Messer Rauten einschneiden und das Brot zusammen mit einem Wasserschälchen in den auf 250° vorgeheizten Backofen geben. Nach 10 Minuten die Backtemperatur auf 230° runterschalten und das Brot weitere 35 Minuten fertig backen.

Anmerkungen:

- Der Teig ist leicht feucht.
- Trockensauerteig erhält man im Bioladen, in der Mühle, im Reformhaus oder teilweise auch in der Bio-Abteilung vom Supermarkt.

Rezeptvarianten:

- Weizen- und Roggenmehl durch 250 g Roggen, 250 g Dinkel und 300 g Weizenmehl (Type 405) ersetzen. Weizen und Roggen je 250 g / 1 Minute / Stufe Turbo (1½ Minuten / Stufe Turbo) selbst mahlen.
- 100 g Kürbiskerne zugeben.

Frischkäse-Brot

700 g	**Weizenmehl (Type 550)**	
1½ TL	**Salz**	
1½ TL	**Zucker**	
1 Wü	**Hefe**	
200 g	**Wasser (lauwarm)**	
40 g	**Margarine**	
200 g	**Frischkäse**	
1	**Ei**	in den Mixtopf geben und 4 Minuten / Teigstufe kneten. Den Teig umfüllen und abgedeckt 20 Minuten gehen lassen. Anschließend in eine große Kastenform geben und im Backofen 10 Minuten bei 50° gehen lassen. Den Backofen dann auf 175° hochschalten und das Brot weitere 1 bis 1½ Stunden backen.

Anmerkungen:

- Die Backzeit ist stark abhängig von der Aufheizdauer des Backofens - daher die etwas ungenaue Zeitangabe.
- Frischkäse lässt sich einfach selbst herstellen. Ein entsprechendes Rezept finden Sie in unserem Band 1.

Rezeptvarianten:

- Wasser durch Milch ersetzen.
- Statt Margarine Joghurtbutter verwenden.
- Andere Mehlmischung: 200 g Weizenmehl (Type 550), 200 g Dinkelmehl (Type 1050), 300 g Weizenmehl (Type 405) – dann allerdings etwas mehr Wasser nehmen.

Fladenbrot

350 g	**Weizenmehl (Type 405)**	
30 g	**Hefe**	
1 TL	**Trockensauerteig**	
1 TL	**Salz**	
200 g	**Wasser**	
4 EL	**Olivenöl**	in den Mixtopf geben und 2 Minuten / Teigstufe kneten. Den Teig auf ein mit Backpapier ausgelegtes Backblech geben und zu einem großen Fladen drücken. Abgedeckt ca. 20 Minuten gehen lassen (eventuell auch im Backofen bei 50°), dann mit
etw	**Öl**	bestreichen und mit
	Kräutern (italienisch)	bestreuen. Bei 200° im Backofen ca. 20 Minuten nicht zu dunkel backen.

Rezeptvarianten:

- Mehrere kleine Fladenbrötchen backen.
- Mit Sesam und Rosmarinnadeln bestreuen.

Roggen-Weizen-Brot, einfaches

300 g	**Roggenmehl (Type 1150)**	
150 g	**Weizenmehl (Type 550)**	
300 g	**Weizenmehl (Type 1050)**	
2 TL	**Salz**	
600 – 650 g	**Wasser (lauwarm)**	
1 Wü	**Hefe**	
1 TL	**Brotgewürz**	in den Mixtopf geben, 3 Minuten / Teigstufe kneten, umfüllen und abgedeckt 30 Minuten gehen lassen. Den Teig anschließend als „Zwirbelbrot“ in ein Stück Backpapier einpacken und nochmals gehen lassen, bis der Backofen auf 220° aufgeheizt ist. Mit
etw	**Salzwasser**	einpinseln und in den vorgeheizten Backofen geben. Nach 10 Minuten die Backtemperatur auf 200° runterschalten und das Brot weitere 30 Minuten backen. Nun das Backpapier komplett entfernen, nochmals mit
etw	**Salzwasser**	einpinseln und weitere 20 Minuten backen.

Anmerkungen:

- Für ein „Zwirbelbrot“ gibt man den Teig auf ein großes rechteckiges Stück Backpapier, dreht alle 4 Ecken des Backpapiers jeweils in sich ein und fasst dann diese alle zusammen in der Mitte dann nochmals zusammen. Das Brot wird durch die Zwirbeltechnik in Form gehalten, sieht sehr rustikal aus und wird rundum knusprig.

Die Ecken in der Mitte nicht zu fest zusammenzwirbeln, da sie sich durch das Gehen im Ofen lösen sollen. Achtung! Darauf achten, dass das nach oben stehende Backpapier nicht die Heizstäbe im Ofen berührt und Feuer fangen kann – also eine untere Schiene wählen.

- Brotgewürz kann man selbst herstellen (Fenchel, Koriander, Kümmel – jeweils gemahlen, zu gleichen Teilen) oder als fertige Gewürzmischung in einer gut sortierten Mühle kaufen.

Rezeptvarianten:

- 3 EL Baguettebackmittel zugeben, dadurch geht das Brot noch besser auf.
- Anteil an Mehlsorten Roggen und Weizen variieren, dabei die Gesamtmenge von 750 g beibehalten und auf einen Weizenanteil von mindestens 350 g achten.
- Für ein Bauernbrot 375 g Weizenmehl (Type 550) und 375 g Weizenmehl (Type 1050) verwenden.
- Einen Teil Wasser durch 1 Flasche (0,33 ml) helles Bier ersetzen.

Bauernbrot, schwäbisches (auf dem Stein gebacken)

300 g	**Weizenmehl (Type 1050)**	
100 g	**Dinkelmehl**	
100 g	**Roggenmehl (Type 997)**	
¼ Wü	**Hefe**	
10 g	**Salz**	
1 TL	**Honig**	
1 EL	**Essig**	
350 g	**Wasser (lauwarm)**	in den Mixtopf geben und 7 Minuten / Teigstufe kneten. Der Teig sollte anschließend glatt und glänzend sein. Den Teig in eine bemehlte Schüssel umfüllen und dort abgedeckt 90 Minuten gehen lassen. (Nach 50 Minuten Gehzeit den Backofen samt Backstein auf 250° vorheizen!) Den Teig aus der Schüssel nehmen und mit bemehlten Händen zu einem Brot „rundwirken“ (Erklärung siehe Anmerkungen). Nach dem „Rundwirken“ soll der Verschluss unten liegen und der Teig eine glatte Oberfläche haben. Nochmals 20 Minuten auf der Arbeitsplatte ruhen lassen, damit sich die Oberfläche wieder entspannen kann. Anschließend mit
etw	**Wasser**	einpinseln und den Teig mit einem scharfen Messer einmal längs oder

		kreuzweise einschneiden, so dass die Oberfläche aufgeht. Nun einen Holzschieber mit
etw	**Grieß**	bestreuen, den Teig darauf legen und auf den nun ausreichend vorgeheizten Stein geben („einschießen“). Das Brot ca. 10 bis 20 Minuten bei 250° backen (bis es die gewünschte Farbe hat), dann die Backtemperatur ausschalten und das Brot noch 1 Stunde auf dem Stein lassen. Die Backofentür hierbei unbedingt geschlossen halten! Kurz vor dem Herausholen noch mal mit
etw	**Wasser**	einpinseln.

Anmerkungen:

- Der Teig wird mit Absicht 7 Minuten geknetet!
- Da der Backofen samt Backstein mindestens 1 Stunde aufgeheizt werden soll, wird er bereits nach 50 Minuten Gehzeit eingeschaltet.
- Zum „Rundwirken“ den Teig auf die bemehlte Arbeitsplatte legen. Dann den oberen Rand nehmen, bis zur Mitte klappen und mit dem Handballen festdrücken. Nun den Teig ein wenig drehen und den Vorgang wiederholen. Der Teig bekommt dadurch eine schöne Spannung, die Oberfläche sollte aber nicht anfangen zu reißen. Durch diese Technik erhält man eine schöne runde Kugel mit einer glatten Oberfläche und einer (möglichst kleinen) etwas „zerknüddelt“ aussehenden Stelle („Verschluss“) auf der Unterseite.
- Den Teig beim „Rundwirken“ nicht zu stark kneten, da sonst die komplette Luft wieder herausgeknetet wird.
- Beim Wunderkessel 31 lässt sich die Teigmenge auch verdoppeln, so dass man direkt 2 Brote gleichzeitig herstellen kann.

- Das Einschneiden verhindert, dass der Teig beim Backen unkontrolliert aufreißt, z.B. an der Seite. Der Schnitt ist nach dem Backen fast nicht mehr zu sehen.
- Das Einpinseln mit Wasser gibt eine schöne, glänzende Kruste.
- Beim Backen auf dem Stein unbedingt eine Schale mit Wasser auf den Backofenboden stellen.

Rezeptvarianten:

- Mehlsorten (auch evtl. selbst gemahlen) nach Belieben zusammenstellen, je nach Mehlsorte eventuell etwas weniger oder mehr Wasser zugeben.
- Honig durch Zucker ersetzen.
- 1 TL Trockenhefe statt Frischhefe verwenden.
- 1 TL Brotgewürz (Fenchel, Koriander, Kümmel (jeweils gemahlen) – zu gleichen Teilen) zugeben.
- Kurz vor Ende des Knetvorgangs 2 handvoll Walnüsse zufügen und mit unterkneten lassen.
- Röstzwiebeln und/oder Knoblauch zugeben.
- 2 EL Balsamico-Essig in den Teig geben.
- Ca. 150 g gekochte Kartoffeln mit unterkneten.

Hirsebrot

300 g	**Dinkelkörner**	in den Mixtopf geben, 1½ Minuten / Stufe Turbo (2 Minuten / Stufe Turbo) fein mahlen und umfüllen.
200 g	**Weizenkörner**	in den Mixtopf geben, 1 Minute / Stufe Turbo (1½ Minuten / Stufe Turbo) fein mahlen und ebenfalls umfüllen.
100 g	**Hirse**	
300 g	**Wasser**	in den Mixtopf geben und 13 Minuten / 90° / Rückwärtsgang / Stufe 1 (13 Minuten / 90° / Stufe 1) garen. Anschließend ohne Temperatur weitere 20 Minuten / Rückwärtsgang / Stufe 1 (20 Minuten / Stufe 1) weiterrühren. Den Deckel vom Mixtopf nehmen und die Masse auf 37° (Handwärme – unter 40°) abkühlen lassen. Dinkel- und Weizenmehl,
250 g	**Wasser**	
15 g	**Salz**	
1 Wü	**Hefe**	zugeben, alles 3½ Minuten / Teigstufe kneten, den Teig im Mixtopf 30 Minuten gehen lassen, anschließend nochmals 1 Minute / Teigstufe kneten und in eine Backform füllen. Dort abgedeckt weitere 30 Minuten gehen lassen. Bei 240° im Backofen 20 Minuten backen, anschließend die Backtemperatur auf 190° reduzieren und weitere 30 bis 40 Minuten backen.

Anmerkung:

- Der Teig ist sehr weich und klebrig.

Bierbrot (2 Brote) (auf dem Stein gebacken)

Vorteig

250 g	**Weizenmehl (Type 1050)**	
200 g	**Wasser (Zimmertemperatur)**	
5 g	**Hefe**	in eine Plastikschüssel geben, mit einem Plastiklöffel gut verrühren und mit geschlossenem Deckel mindestens 6 Stunden, am besten über Nacht, bei Zimmertemperatur stehen lassen. (Der Teig gärt und „blubbert“ vor sich hin.)

Brotteig

225 g	**Vorteig (die Hälfte!)**	
125 g	**Roggenmehl (Type 1150)**	
325 g	**Weizenmehl (Type 1050)**	
250 ml	**Hefeweizenbier (dunkles, ½ Flasche)**	
20 g	**Hefe**	
½ TL	**Salz**	in den Mixtopf geben, zunächst 10 Sekunden / Stufe 4 vermischen und anschließend 3 Minuten / Teigstufe kneten. Den Teig in eine mit
etw	**Mehl**	ausgestreute Schüssel mit Deckel geben und dort ca. 1 Stunde gehen lassen. Mit dem restlichen Vorteig genauso verfahren.

		Aus dem Teig zwei Laibe formen, diese auf einen ausreichend bemehlten Backschieber legen, dreimal (etwa ½ cm tief) schräg einschneiden und weitere 30 Minuten gehen lassen. Einen Brotbackstein im Ofen auf 250° vorheizen (gemäß den Angaben des Backsteinherstellers). Die beiden Laibe mit
etw	**Wasser**	besprühen und auf den vorgeheizten Backstein in den Ofen geben. Nach 10 Minuten Backzeit die Temperatur auf 200° runterschalten und die Brote in ca. 45 Minuten fertig backen. „Klopfprobe“ machen!

Anmerkungen:

- Den Teig gut mehlen, wenn er zu klebrig ist.
- Klopfprobe: Auf die Rückseite des Brotlaibes klopfen. Klingt es deutlich hohl, dann ist das Brot durch gebacken. Klingt es nicht hohl, dann muss es noch weiter im Ofen gebacken werden – hierbei nach weiteren 10 Minuten Backzeit die Klopfprobe wiederholen.
- Bezugsquellen für Brotbacksteine/Backschieber erhalten Sie auf unserer Homepage oder unter info@wunderkessel.de!

Rezeptvarianten:

- 1 TL gemahlenen Kümmel zugeben.
- Die Biersorte variieren.
- Auf dem Backblech backen: untere Schiene zunächst 15 Minuten bei 250°, dann runterschalten auf 200° ca. 40 bis 50 Minuten fertig backen.

Landbrot, schwäbisches (2 Laibe á ca. 600 g)

1 Wü	**Hefe**	
50 g	**Weizenmehl (Type 405)**	
50 g	**Wasser (lauwarm)**	in eine kleine Schüssel geben, verrühren und abgedeckt 3 Stunden stehen lassen.
250 g	**Dinkel**	
½ TL	**Brotgewürz**	in den Mixtopf geben und 1 Minute / Stufe Turbo (1½ Minuten / Stufe Turbo) fein mahlen.
200 g	**Wasser**	zugeben, kurz auf Stufe 4 verrühren und ebenfalls abgedeckt 3 Stunden stehen lassen. Anschließend den Hefeansatz,
100 g	**Roggenmehl (Type 997)**	
300 g	**Weizenmehl (Type 1050)**	
1½ TL	**Salz**	
250 g	**Wasser (lauwarm)**	zugeben und alles 3 Minuten / Teigstufe kneten. Den Teig in eine große Schüssel umfüllen und abgedeckt nochmals mindestens 2 Stunden gehen lassen. Den Teig danach in 2 Laibe teilen, diese als „Zwirbelbrot" in je einem Stück Backpapier einpacken, in den kalten Backofen geben und bei 250° ca. 45 Minuten backen.

Anmerkung:

- Erklärung „Zwirbelbrot" siehe Anmerkung zum „Roggen-Weizen-Brot, einfaches", Seite 14.

Landbrot, schwäbisches – schnelle Variante

250 g	**Dinkel**	in den Mixtopf geben und 1 Minute / Stufe Turbo (1½ Minuten / Stufe Turbo) fein mahlen.
2 TL	**Salz**	
100 g	**Roggenmehl (Type 997)**	
300 g	**Weizenmehl (Type 1050)**	
30 g	**Hefe**	
1 EL	**Essig**	
50 g	**Öl**	
350 g	**Wasser (lauwarm)**	zufügen und alles 3 Minuten / Teigstufe kneten. Den Teig danach in 2 Laibe teilen, diese als „Zwirbelbrot" in je ein Stück Backpapier einpacken, in den kalten Backofen geben und bei 250° ca. 45 Minuten backen.

Anmerkung:

- Erklärung „Zwirbelbrot" siehe Anmerkung zum „Roggen-Weizen-Brot, einfaches", Seite 14.

Rezeptvariante:

- Essig durch 1 – 2 TL Trockensauerteig austauschen.

Pain Paillasse (2 bis 3 Stück)

280 g	**Wasser (eiskalt, evtl. mit Eiswürfeln)**	
500 g	**Weizenmehl (Type 405)**	
2 TL	**Salz**	
¼ Wü	**Hefe**	in den Mixtopf geben und 3 Minuten / Teigstufe kneten.

Den Teig in eine bemehlte Schüssel umfüllen und abgedeckt mindestens 10 bis 12 Stunden (am besten über Nacht) in den Kühlschrank stellen.

(Zwischendurch eventuell einmal den Teig auf einer bemehlten Fläche aufschlagen und wieder mit dem Gefäß kühl stellen oder direkt in dem Gefäß den Teig wieder nach unten drücken.)

Danach den Teig aus dem Kühlschrank nehmen (er sollte nun gut aufgegangen sein!) und auf eine bemehlte Arbeitsfläche stürzen.

Den Teig jetzt nicht mehr kneten!

Mit einem Messer oder einer Teigkarte in 2 bis 3 längliche Stücke teilen, jeweils jedes Stück mit beiden Händen nehmen und in sich drehen.

Den Teig jetzt nicht mehr gehen lassen, sondern direkt auf ein mit Backpapier ausgelegtes Backblech geben, im vorgeheizten Ofen 15 Minuten bei 240° und weitere 15 Minuten bei 200° backen.

Anmerkung:

- Ein Schälchen mit Wasser mit in den Ofen stellen.

Rezeptvarianten:

- Statt Frischhefe 1½ Päckchen Trockenhefe verwenden.
- Vollkornvariante 1:
  250 g Dinkel und 1 EL Koriandersamen (1 Minute / Stufe Turbo (1½ Minuten / Stufe Turbo) mahlen)
  250 g Weizenmehl (Type 405)
  300 g kaltes Wasser
  2 TL Salz
  ¼ Wü Hefe
- Vollkornvariante 2:
  300 g Kamut (alte Weizensorte, Vorfahre des heutigen Hartweizens, erhältlich z.B. im Reformhaus, im Naturkostladen oder in einer gut sortierten Mühle)
  200 g Weizenmehl (Type 405)
  350 g kaltes Wasser
  1 EL Olivenöl
  2 TL Salz
  ¼ Wü Hefe
- 150 g Roggen- und 350 g Weizenmehl verwenden, dann allerdings die Flüssigkeitsmenge etwas erhöhen.
- 1 Schuss Olivenöl mit in den Teig geben.
- Als Brötchen backen.
- Den Teig vor dem Backen mit Magermilchjoghurt einstreichen und gemischte Körner auf die Brote geben.

Roggensaftbrot

200 g	**Roggenkörner**	in den Mixtopf geben, 1 Minute / Stufe Turbo (1½ Minuten / Stufe Turbo) fein mahlen und umfüllen. Weitere
200 g	**Roggenkörner**	in den Mixtopf geben und 1 Minute / Stufe Turbo (1½ Minuten / Stufe Turbo) fein mahlen. Das restliche Roggenmehl sowie
200 g	**Weizenmehl (Type 405)**	
1 Wü	**Hefe**	
½ TL	**Salz**	
600 g	**Buttermilch (warm)**	
100 g	**Sonnenblumenkerne**	
1 EL	**Essig**	
1 EL	**Zitronensaft**	
½ TL	**Koriander**	zugeben und alles 4 Minuten / Teigstufe kneten. Eine 30er Kastenform mit Backpapier auslegen, den Teig einfüllen und abgedeckt gehen lassen, bis er die Höhe der Form erreicht hat. Bei 250° im Backofen 20 Minuten backen und anschließend weitere 50 Minuten bei 200°.

Anmerkungen:

- Der Teig ist ziemlich klebrig.
- Das Brot ist sehr dunkel, aber auch sehr lecker!

Baguettes

500 g	**Weizenmehl (Type 550)**	
10 g	**Hefe**	
1 – 2 TL	**Salz**	
1 TL	**Zucker**	
10 g	**Margarine**	
1 EL	**Zitronensaft**	
300 – 350 g	**Wasser (lauwarm)**	in den Mixtopf geben und 2½ Minuten / Teigstufe kneten. Den Teig anschließend auf eine bemehlte Arbeitsplatte geben und dort (nicht abgedeckt) 1 Stunde gehen lassen. Danach den Teig in 3 Teile aufteilen, diese jeweils zu einer rechteckigen Platte ausrollen und dann von der langen Seite her zu einem Baguette aufrollen. Die Rohlinge schräg einschneiden und bei 50° im Backofen 30 Minuten gehen lassen. Anschließend den Backofen auf 200° hochschalten und weitere 20 Minuten backen.

Anmerkung:

- Durch das Aus- und anschließende Aufrollen werden die Baguettes sehr luftig.

Rezeptvarianten:

- Margarine durch Butter ersetzen.
- Einen Teil Mehl durch Kartoffelstärke ersetzen, dadurch werden die Baguettes noch lockerer.

Leinsamenbrot

100 g	**Leinsamen**	in eine kleine Schale geben, gut fingerbreit mit
ca. 100 g	**Wasser (lauwarm)**	bedecken und einige Minuten stehen lassen, bis die Flüssigkeit aufgesogen ist.
200 g	**Dinkel**	in den Mixtopf geben und 1 Minute / Stufe Turbo (1½ Minuten / Stufe Turbo) mahlen.
100 g	**Weizenmehl (Type 1050)**	
200 g	**Weizenmehl (Type 550)**	
½ Wü	**Hefe**	
1 TL	**Salz**	
1 TL	**Zucker**	
1 EL	**Olivenöl**	
50 g	**Haferflocken**	
350 g	**Wasser (lauwarm)**	und den eingeweichten Leinsamen zugeben und alles 3 Minuten / Teigstufe kneten. Den Teig im Mixtopf ca. 15 Minuten ruhen lassen und anschließend nochmals 1 Minute / Teigstufe kneten. Dann den Teig in ein bemehltes Gärkörbchen geben und dort nochmals 30 Minuten gehen lassen. Das Brot auf ein mit Backpapier ausgelegtes Backblech stürzen, mit
	Wasser	besprühen und zunächst bei 230° im vorgeheizten Backofen 15 Minuten backen.

Die Backtemperatur auf 200° reduzieren und weitere 50 Minuten backen.

Rezeptvarianten:

- Statt des Gärkörbchens eignet sich auch eine runde Plastikschüssel oder ein Sieb, ausgelegt mit einem gut bemehlten Geschirrtuch.
- Röstzwiebeln mit in den Teig kneten.

Bauernbrot mit Buttermilch

250 g	**Buttermilch**	
150 g	**Wasser**	
30 g	**Hefe**	
100 g	**Kartoffeln (gekocht)**	in den Mixtopf geben und 3 Minuten / 37° / Stufe 4 (3 Minuten / 40° / Stufe 4) verrühren.
2 geh TL	**Salz**	
2 EL	**Essig**	
100 g	**Roggenmehl (Type 1150)**	
500 g	**Weizenmehl (Type 1050)**	zugeben und 3 Minuten / Teigstufe zu einem Teig verarbeiten. Den Teig umfüllen und abgedeckt 30 Minuten gehen lassen. Anschließend einen Laib formen. Den Teig hierbei nicht zu sehr kneten, da sonst die komplette Luft wieder herausgeknetet wird. Abgedeckt weitere 15 Minuten gehen lassen. Im Backofen zunächst 10 Minuten bei 250° Ober-/Unterhitze backen. Dann die Oberfläche mit
etw	**Wasser**	einstreichen oder besprühen und weitere 30 Minuten bei 200° fertig backen.

Anmerkungen:

- Der Teig ist sehr feucht und etwas klebrig.
- Eventuell nach dem ersten Knetgang nochmals etwas nachmehlen.
- Nicht mit Umluft backen!

- Ein Schälchen mit Wasser beim Backen in den Ofen stellen.
- Wenn keine gekochten Kartoffeln (vom Vortag) vorrätig sind, lässt sich die benötigte Menge kurz in der Mikrowelle garen. Hierzu die Kartoffeln in Stücken in ein Mikrowellengeschirr geben und ca. 2 Minuten bei 600 Watt garen. Kein Wasser zufügen! Die Kartoffeln werden bei geschlossenem Geschirr durch den eigenen Wasserdampf gegart.

Rezeptvarianten:

- In Backpapier als „Zwirbelbrot" backen. Erklärung „Zwirbelbrot" siehe Anmerkung zum „Roggen-Weizen-Brot, einfaches", Seite 14.
- In einer Kasten- oder anderen Brotbackform backen.
- Anstelle von Buttermilch lässt sich das Brot auch mit Vollmilch, Joghurt oder Kefir herstellen.
- Statt Weizenmehl (Type 1050) Weizenmehl (Type 405) verwenden.
- 1 EL Honig zufügen.
- Koriander, Leinsamen und/oder Kümmel zum Teig geben.
- Den Teig mit etwas Anis verfeinern.
- 1 Schuss Essig zufügen.

Kartoffel-Land-Brot, Schweizer

200 g	**Kartoffeln (gekocht)**	in den Mixtopf geben und 5 Sekunden / Stufe 6 zerkleinern.
250 g	**Weizenmehl (Type 405)**	
300 g	**Weizenmehl (Type 1050)**	
1 TL	**Zucker**	
1 Wü	**Hefe**	
2 TL	**Salz**	
280 g	**Wasser (lauwarm)**	zugeben und alles 5 Minuten / Teigstufe kneten. Den Teig in eine Kastenform füllen und 30 Minuten im Backofen bei 50° gehen lassen. Anschließend den Backofen auf 190° hochschalten und weitere 40 Minuten backen.

Rezeptvarianten:

- Auf dem Brotbackstein backen. Nähere Erläuterungen hierzu siehe „Bauernbrot, schwäbisches“, Seite 16/17.
- 300 g Weizenmehl (Type 1050) durch 250 g Dinkel (selbst gemahlen mit etwas Koriander, Anis und Kümmel verfeinert) und 50 g Roggenmehl (Type 997) ersetzen.
- Einen Teil Wasser durch Buttermilch austauschen.

Dinkelbrötchen (ca. 15 Stück)

200 g	**Dinkelkörner**	in den Mixtopf geben, 1 Minute / Stufe Turbo (1½ Minuten / Stufe Turbo) fein mahlen und umfüllen. Weitere
200 g	**Dinkelkörner**	in den Mixtopf geben und 1 Minute / Stufe Turbo (1½ Minuten / Stufe Turbo) fein mahlen. Das restliche Dinkelmehl sowie
250 g	**Weizenmehl (Type 405)**	
100 g	**Sonnenblumenkerne**	
2 TL	**Salz**	
1 Be	**Joghurt (150 g)**	
1 Wü	**Hefe**	
1 TL	**Honig**	
300 g	**Wasser (lauwarm)**	zugeben und alles 3 Minuten / Teigstufe kneten. Den Teig entnehmen und ca. 15 Brötchen formen. Diese mit
etw	**Wasser**	bepinseln, mit
	Sonnenblumenkernen	bestreuen und ca. 10 Minuten bei 50° im Backofen gehen lassen. Anschließend den Backofen auf 180° hochschalten und ca. 25 Minuten backen.

Rezeptvarianten:

- 100 g Dinkel- durch Weizenkörner ersetzen.
- 1 Schuss Essig zugeben.
- 100 g Sonnenblumenkerne durch 50 g Kürbiskerne und 50 g Saatenmischung austauschen.

Fladenbrötchen (8 Stück)

250 g	**Milch**	
1 EL	**Zucker**	
½ Wü	**Hefe**	in den Mixtopf geben und 2 Minuten / 37° / Stufe 2 (2 Minuten / 40° / Stufe 2) erwärmen.
500 g	**Weizenmehl (Type 405)**	
1 EL	**Salz**	
2 – 3 EL	**Butter**	zugeben, 2 Minuten / Teigstufe kneten und umfüllen. Den Teig abgedeckt gehen lassen, bis er sich deutlich vergrößert hat, in 8 gleich große Stücke teilen und jeweils zu Fladen ziehen. Die Fladen mit
	Salzwasser	bestreichen, mit
	Sesam	bestreuen, auf ein Backblech geben und dort nochmals ca. 30 Minuten gehen lassen. Im vorgeheizten Backofen bei 200° ca. 25 bis 30 Minuten backen.

Anmerkung:

- Butter lässt sich einfach selbst herstellen. Ein entsprechendes Rezept finden Sie in unserem Band 1.

Rezeptvariante:

- Sesam durch schwarzen Kümmel oder Kürbiskerne ersetzen.

Serviervorschläge:

- Das Fladenbrot aufschneiden und mit Fleischsalat o.ä. füllen.
- Mit Frischkäse-Creme oder Ananas-Curry-Frischkäse-Creme füllen (siehe separate Rezepte Seite 50 und 51).

Käsebrötchen (ca. 15 Stück)

500 g	**Weizenmehl (Type 405)**	
1 Wü	**Hefe**	
1 TL	**Salz**	
1½ TL	**Zucker**	
50 g	**Öl**	
230 g	**Wasser (lauwarm)**	in den Mixtopf geben, 3 Minuten / Teigstufe kneten, 10 Minuten im Topf ruhen lassen und nochmals 1 Minute / Teigstufe kneten. Anschließend den Teig entnehmen, eine Rolle formen und ca. 15 Teigstücke abschneiden und daraus Brötchen formen. Die Brötchen auf zwei mit Backpapier ausgelegte Backbleche verteilen. Auf jedes Brötchen
jew 1 – 2 Schei Gouda		legen. Im vorgeheizten Backofen bei 190° Umluft ca. 12 bis 15 Minuten backen.

Anmerkungen:

- Nach Möglichkeit Käsescheiben und keinen geriebenen Käse verwenden.
- Die Brötchen schmecken auch am nächsten Tag (kurz aufgebacken) noch super frisch.

Rezeptvarianten:

- Die Brötchen zusätzlich mit Kürbiskernen bestreuen.
- Als Käsestangen backen.
- Röstzwiebeln zum Teig geben.

Super-Brötchen (15 Stück)

400 – 450 g	**Wasser**	
2 EL	**Speisestärke**	in den Mixtopf geben und 3½ Minuten / 100° / Stufe 4 aufkochen lassen. Anschließend auf unter 40° (Handwärme) wieder abkühlen lassen.
1 Wü	**Hefe**	
2 TL	**Salz**	
650 g	**Weizenmehl (Type 405 oder 550)**	zugeben, 3½ Minuten / Teigstufe kneten und den Teig anschließend im Topf 30 Minuten gehen lassen. Danach nochmals 1 Minute / Teigstufe kneten und entnehmen. Den Teig in 15 gleich große Stücke teilen. Jedes Teigstück zu einem Brötchen formen, in
etw	**Speisestärke**	drücken und mit der bemehlten Seite nach oben auf ein mit Backpapier ausgelegtes Backblech legen. Die Brötchen etwas einritzen und abgedeckt 30 Minuten gehen lassen. Im vorgeheizten Backofen bei 200° auf der mittleren Schiene ca. 20 bis 25 Minuten backen. Die Brötchen auf einem Kuchengitter auskühlen lassen.

Anmerkungen:

- Die Speisestärke muss unbedingt lauwarm verarbeitet werden, sollte aber auch nicht über 40° heiß sein, da sonst die Hefe ihre Triebkraft verliert.

- Bei diesem Rezept wird kein Schälchen Wasser mit in den Backofen gegeben.
- Die Brötchen schmecken auch am zweiten Tag noch wunderbar.
- Die Brötchen gehen sehr stark auf.

Rezeptvarianten:

- Schnelle Variante mit kaltem Wasser:
  250 g Wasser mit 2 EL Speisestärke aufkochen lassen und mit ca. 200 g kaltem Wasser direkt abkühlen, anschließend weiter wie oben beschrieben.
- Schnelle Variante mit Eiswürfeln:
  300 g Wasser mit 2 EL Speisestärke aufkochen lassen und mit ca. 150 g Eiswürfeln direkt abkühlen, anschließend weiter wie oben beschrieben.
- Mit verschiedenen Saaten bestreuen, z.B. Sesam, Mohn, Kürbiskerne, Sonnenblumenkerne. Damit die Saaten halten, die Teigstücke vorher mit Wasser bepinseln.
- Röstzwiebeln zugeben.
- Für Käsebrötchen jeweils mit 1 Scheibe Käse belegen.
- Kleinere Brötchen formen und als Partybrötchen backen.
- Mit jeweils 1 TL Schokoaufstrich füllen.
- Noch etwas Quark und zusätzlich etwas Mehl in den Teig geben.
- Vollkornvariante:
  300 g Dinkel, 150 g Weizen (jeweils selbst gemahlen) und 200 g Weizenmehl (Type 405).

Partysonne (19 Brötchen)

200 g	**Dinkel**	in den Mixtopf geben und 1 Minute / Stufe Turbo (1½ Minuten / Stufe Turbo) mahlen.
1 Wü	**Hefe**	
250 g	**Wasser (lauwarm)**	
300 g	**Weizenmehl (Type 405)**	
1 – 2 TL	**Salz**	
30 g	**Öl**	zugeben, kurz auf Stufe 4 vermischen und anschließend 3 Minuten / Teigstufe kneten. Den Teig entnehmen, zu einem Strang formen, 19 Brötchen „abstechen“ und jeweils zu einer Kugel formen. Auf ein mit Backpapier ausgelegtes Backblech 1 Kugel in die Mitte legen. 6 Kugeln darum verteilen und mit den restlichen 12 Kugeln den äußeren Kreis legen. Das Ganze mit nassen Händen flach drücken und nach Belieben mit
	Saaten	bestreuen. Bei 230° im Backofen ca. 20 Minuten backen.

Anmerkung:

- Als Saaten kann man z.B. Mohn, Sesam, Leinsamen, Sonnenblumenkerne oder auch Haferflocken verwenden. Eventuell noch mit Käse belegen.

Rezeptvarianten:

- Zusätzlich noch Walnüsse mit in den Teig kneten.
- Als Baguette oder Brotknoten backen.

Rosinenbrötchen (20 Stück)

600 g	**Weizenmehl (Type 405)**	
1 Wü	**Hefe**	
2 TL	**Zucker**	
½ TL	**Salz**	
360 g	**Milch (lauwarm)**	in den Mixtopf geben und 3 Minuten / Teigstufe kneten.
150 – 200 g	**Rosinen**	(ACHTUNG! Gilt nur für den Wunderkessel 31!) zugeben und im Intervall auf Stufe 5 – Stufe 0 / Rückwärtsgang unterkneten. (Im Wunderkessel 21 die Rosinen unbedingt erst nach dem Knetvorgang mit den Händen unterkneten, da sie im Mixtopf zu sehr zerkleinert würden!) Den Teig aus dem Mixtopf nehmen und abgedeckt 30 Minuten gehen lassen. Anschließend den Teig in 20 Teile aufteilen, diese zu Brötchen formen und auf ein mit Backpapier ausgelegtes Backblech legen. Jedes Brötchen mit
etw	**Wasser**	bestreichen und bei 200° im Backofen ca. 20 bis 30 Minuten backen.

Rezeptvarianten:

- Anstelle von Wasser mit Kondensmilch, Sahne oder Zuckerwasser bestreichen.
- Rosinen über Nacht in etwas Eierlikör einweichen.

Brioches (12 Stück)

250 g	**Milch**	
120 g	**Butter (in Stücken)**	
2	**Eier**	
1 Wü	**Hefe**	in den Mixtopf geben und 2 Minuten / 37° / Stufe 1 (2 Minuten / 40° / Stufe 1) erwärmen.
550 g	**Weizenmehl (Type 405)**	
60 g	**Zucker**	
½ TL	**Salz**	zugeben und alles 2½ Minuten / Teigstufe kneten. Den Teig umfüllen und abgedeckt ca. 1 Stunde an einem warmen Ort gehen lassen. Anschließend in 12 Muffinförmchen füllen, mit
	Eigelb	bestreichen und weitere 10 Minuten gehen lassen. Bei 220° im Backofen ca. 20 Minuten goldgelb backen.

Anmerkungen:

- Brioches sind französische „Frühstücksbrötchen“. Sie passen z.B. zu Marmelade oder einfach nur so zu einem Kaffee oder Kakao.
- Die Brötchen schmecken am besten, wenn sie noch lauwarm sind.
- Butter lässt sich einfach selbst herstellen. Ein entsprechendes Rezept finden Sie in unserem Band 1.

Semmeln, leckere

30 g	**Hefe**	
1 EL	**Zucker**	
300 g	**Wasser (lauwarm)**	
50 g	**Butter**	in den Mixtopf geben und 2 Minuten / 37° / Stufe 2 (2 Minuten / 40° / Stufe 2) verrühren.
600 g	**Weizenmehl (Type 405)**	
2 TL	**Salz**	zugeben, kurz auf Stufe 4 unterrühren und dann 2½ Minuten / Teigstufe kneten. Den Teig im Topf 30 Minuten gehen lassen und anschließend nochmals 1 Minute / Teigstufe kneten. Brötchen formen, auf ein mit Backpapier ausgelegtes Backblech legen und dort abgedeckt nochmals gehen lassen. Bei 225° im Backofen ca. 20 Minuten backen.

Anmerkung:

- Butter lässt sich einfach selbst herstellen. Ein entsprechendes Rezept finden Sie in unserem Band 1.

Rezeptvariante:

- Die Brötchen befeuchten und mit Saaten bestreuen.

Brötchenrad

2 EL	**Sonnenblumenkerne**	
2 EL	**Haferflocken**	in den Mixtopf geben und 10 Sekunden / Stufe Turbo mahlen.
500 g	**Weizenmehl (Type 405)**	
½ Wü	**Hefe**	zugeben und 5 Sekunden / Stufe 5 vermengen.
1½ TL	**Salz**	
½ TL	**Zucker**	
ca. 300 g	**Wasser (lauwarm)**	zufügen und alles 2½ Minuten / Teigstufe kneten. Den Teig in eine Schüssel umfüllen und abgedeckt an einem warmen Ort ca. 1 Stunde gehen lassen.
1	**Eigelb**	in einem kleinen Schälchen verquirlen. Aus dem Teig kleine Kugeln formen, diese zunächst in Eigelb tunken, anschließend in den
	Belag	drücken und in einer Springform zu einem Brötchenrad legen. Abgedeckt nochmals 1 Stunde gehen lassen. Anschließend bei 220° im Backofen ca. 25 Minuten backen.

Anmerkungen:

- Als Belag eignet sich z.B. geriebener Käse, Haferflocken, Sesam, Leinsamen, Mohn, Kürbiskerne, Sonnenblumenkerne, Hirse, Kümmel-Salz-Mischung, Pinienkerne.
- Die Teigkugeln nicht direkt aneinander setzen, sondern etwas Platz lassen, da sie sich beim „Gehen“ sowieso verbinden.

- Die restlichen Körner vom Belag mit dem restlichen Eigelb vermischen, in eine Schüssel geben und einfrieren. Für ein Körnerbrot dann in Stücken in den Mixtopf geben, mahlen und mit untermischen.

Rezeptvarianten:

- Statt des Eigelbs die Brötchen mit Wasser besprühen und dann in den Belag drücken.
- Sonnenblumenkerne und Haferflocken mit Dinkelkörnern auf 150 g auffüllen und zusammen 45 Sekunden / Stufe Turbo mahlen. Die Wassermenge dann auf 340 g erhöhen.

Ciabattabrötchen (ca. 15 Stück)

350 g	**Weizenmehl (Type 550)**	
150 g	**Hartweizengrieß**	
½ Wü	**Hefe**	
2 EL	**Olivenöl**	
1 TL	**Salz**	
250 g	**Wasser (lauwarm)**	in den Mixtopf geben und 3 Minuten / Teigstufe kneten. Den Teig in eine Schüssel umfüllen und abgedeckt ca. 30 Minuten gehen lassen. Brötchen formen, diese auf ein mit Backpapier ausgelegtes Backblech legen und dort abgedeckt nochmals 30 bis 60 Minuten gehen lassen. Bei 200° im vorgeheizten Backofen ca. 20 Minuten backen.

Anmerkungen:

- Die fertigen Brötchen-Rohlinge lassen sich gut einfrieren. Zum Backen dann einfach die gefrorenen Rohlinge direkt in den Backofen geben und die Backzeit um etwa 10 Minuten verlängern.
- Am Folgetag kurz aufgebacken schmecken sie immer noch sehr frisch.

Rezeptvarianten:

- Statt Weizenmehl (Type 550) Weizenmehl (Type 405) oder einen Teil Vollkornmehl verwenden.
- Hartweizengrieß durch Weichweizengrieß austauschen.
- Als Brötchensonne oder auch als Baguettebrot backen.
- Den Teig als Pizzateig verwenden.

- Hamburger-Brötchen: Den Teig ausrollen (nicht zu dünn), Kreise ausstechen (z.B. mit einem Plastik-Schälchen), bei 50° im Backofen ca. 40 Minuten gehen lassen und bei 200° weitere 25 Minuten backen.
- Ca. 20 Oliven zum Teig geben und die Brötchen mit „Kräuter der Provence“ bestreuen.
- Den Teig mit kaltem Wasser zubereiten und über Nacht im Kühlschrank gehen lassen. Am nächsten Morgen wie oben beschrieben weiter verfahren.
- Zusätzlich Walnüsse mit in den Teig geben.

Schoko-Brötchen (ca. 15 Stück)

250 g	**Milch**	
1Wü	**Hefe**	
80 g	**Zucker**	in den Mixtopf geben und 1 Minute / 37° / Stufe 2 (1 Minute / 40° / Stufe 2) erwärmen.
1 Pck	**Vanillezucker**	
500 g	**Weizenmehl (Type 405)**	
1 TL	**Salz**	
30 g	**Öl**	
1	**Ei**	zugeben und 3 Minuten / Teigstufe kneten. Den Teig in eine Schüssel umfüllen und abgedeckt ca. 1 Stunde gehen lassen. Nochmals per Hand durchkneten, eine Rolle formen und Teigstücke abschneiden. Die einzelnen Stücke jeweils ausrollen,
2 Pck	**Schoko-Tröpfchen**	gleichmäßig darauf verteilen und leicht eindrücken. Die Teigstücke jeweils wieder aufrollen, zu einer Kugel formen, mit
etw	**Milch**	bestreichen und auf ein mit Backpapier ausgelegtes Backblech legen. Bei 200° im Backofen ca. 15 bis 20 Minuten backen.

Anmerkungen:

- Vanillezucker lässt sich einfach selbst herstellen. Ein entsprechendes Rezept finden Sie in unserem Band 1.

- Schoko-Tröpfchen sind kleine, „tröpfchenförmige“ Schokoladenstücke. Zu finden sind diese in der Backwaren-Abteilung im Supermarkt.
- Die Brötchen werden in den letzten Backminuten schnell braun!
- Etwas mehr Glanz erhalten die Brötchen, wenn sie unmittelbar nach dem Backen mit etwas Wasser besprüht werden.
- Die „rohen“ Brötchen lassen sich gut einfrieren. Zum Servieren mit Milch einpinseln und im nicht (!) vorgeheizten Backofen bei 200° ca. 30 Minuten backen.

Rezeptvarianten:

- 1 – 2 EL Weizensauerteig zugeben.
- Rosinenbrötchen: Schokotröpfchen durch Rosinen ersetzen.
- Rosinenstuten: Schokotröpfchen durch Rosinen ersetzen, den Teig in eine Kastenform füllen und bei 180° ca. 35 Minuten backen.
- Milchbrötchen: Schokotröpfchen weglassen, eventuell mit etwas Hagelzucker bestreuen.
- Schokocroissants: Den Teig in 3 Teile teilen, jeweils rund ausrollen und in 4 „Kuchenstücke“ (insgesamt 12 Stück) teilen. Auf jedes „Kuchenstück“ ein Stück Schogetten-Schokolade (beliebige Geschmacksrichtung) legen und zu Hörnchen aufrollen. Mit Milch bestreichen und bei 180° ca. 20 Minuten backen.

Fladenbrötchen, aufgeblasene

Den Backofen samt Backblech auf 250° (oder höher) vorheizen!

520 g	**Weizenmehl (Type 405)**	
1 Wü	**Hefe**	
½ TL	**Zucker**	
300 g	**Wasser (lauwarm)**	
3 EL	**Öl**	
1 TL	**Salz**	in den Mixtopf geben und 2 Minuten / Teigstufe kneten.

Den Teig entnehmen und abgedeckt 30 Minuten gehen lassen.
Anschließend 12 Stücke abteilen, diese jeweils etwas ausrollen (etwa Postkartengröße, ca. 2 cm hoch), auf das heiße Backblech geben und ca. 8 bis 10 Minuten backen.

Anmerkungen:

- Das Backblech muss unbedingt mit aufgeheizt werden!
- Die Fladenbrötchen blähen sich beim Backen toll auf und können nach dem Abkühlen beliebig gefüllt werden.

Rezeptvariante:

- Frischhefe durch 1 Pck Trockenhefe ersetzen.

Serviervorschlag:

- Füllung: z.B. gebratene Hähnchenstücke (oder Aufschnitt), Käse, Tomaten, Gurke, gebratene Zwiebeln, Mayonnaise (oder Tsatsiki), gebackene Auberginenscheiben, 1 Schuss Salsa-Sauce.

Schokoaufstrich

200 g	**Schokolade (Rahm-Mandel, z.B. von ALD...)**	in groben Stücken in den Mixtopf geben und auf Stufe Turbo möglichst fein zerkleinern.
50 g	**Butter**	
100 g	**Milch**	zugeben, alles 3 Minuten / 50° / Stufe 2 zu einer Creme verrühren. Den Aufstrich in ein Schraubglas umfüllen und im Kühlschrank kalt werden lassen.

Anmerkungen:

- Die Schokolade lässt sich am besten zerkleinern, wenn sie kalt ist (Kühlschranktemperatur).
- Die Butter sollte Zimmertemperatur haben.
- Haltbarkeit im Kühlschrank: etwa 3 Wochen!
- Vor dem anschließenden Säubern des Mixtopfes kann man mit etwas Milch einen leckeren Kakao aus den Resten zaubern.
- Butter lässt sich einfach selbst herstellen. Ein entsprechendes Rezept finden Sie in unserem Band 1.

Rezeptvarianten:

- Zusätzlich noch mit Vanille, Kakao (Instant) oder Zimt verfeinern.
- Für „weißen“ Aufstrich die Rahm-Mandel-Schokolade durch weiße Schokolade ersetzen.

Serviervorschlag:

- Dunklen und weißen Aufstrich abwechselnd in ein Schraubglas füllen.

Frischkäse-Creme

1	**Knoblauchzehe**	
1	**Zwiebel (halbiert)**	in den Mixtopf geben und 5 Sekunden / Stufe 5 zerkleinern (Knoblauch und Zwiebel nacheinander bei Stufe 5 auf das laufende Messer fallen lassen).
1 Bd	**Schnittlauch**	zugeben und auf Stufe 5 zerkleinern (bei Stufe 5 auf das laufende Messer fallen lassen).
250 g	**Magerquark**	
250 g	**Frischkäse**	
1 Pr	**Salz**	
1 Pr	**Pfeffer**	zugeben und alles auf Stufe 5 mit Hilfe des Spatels gut verrühren.

Anmerkungen:

- Den Schnittlauch vorher mit einer Schere in kleine Stücke schneiden, damit er sich nicht um das Messer wickelt!
- Frischkäse lässt sich einfach selbst herstellen. Ein entsprechendes Rezept finden Sie in unserem Band 1.

Rezeptvariante:

- Für verschiedene Geschmacksvarianten den Schnittlauch z.B. durch Paprika, Bärlauch, Meerrettich, Porree oder auch Schafskäse und Basilikum ersetzen.

Ananas-Curry-Frischkäse-Creme

170 g	**Ananasstücke (abgetropft)**	in den Mixtopf geben und auf Stufe 5 zerkleinern (bei Stufe 5 auf das laufende Messer fallen lassen).
200 g	**Frischkäse**	
200 g	**Schmand**	
¼ TL	**Kräutersalz**	
½ TL	**Curry**	
½ TL	**Curcuma**	zugeben und alles 30 Sekunden / Stufe 2 verrühren.

Anmerkungen:

- Die Ananasstücke müssen gut abgetropft sein, sonst wird der Aufstrich zu flüssig.
- Frischkäse und Kräutersalz lassen sich einfach selbst herstellen. Entsprechende Rezepte finden Sie in unserem Band 1.

Serviervorschlag:

- Mit Ananasstücken dekorieren.

Erdbeer-Sekt-Marmelade

750 g	**Erdbeeren (gefroren)**	in den Mixtopf geben und auf Stufe Turbo mit Hilfe des Spatels pürieren.
500 g	**Gelierzucker (2:1)**	
250 g	**Sekt**	zugeben und alles 15 Minuten / Dampfgarstufe / Stufe 2 kochen. Gelierprobe machen, in heiß ausgespülte Gläser umfüllen, diese verschließen, auf den Kopf stellen und abkühlen lassen.

Anmerkung:

- Die Marmelade muss mindestens 3 Minuten kochen („blubbern"), damit sie gelieren kann!

Rezeptvariante:

- Mit frischen Erdbeeren verkürzt sich die Kochzeit auf etwa 12 Minuten.

Obazda

1	**Zwiebel (klein, halbiert)**	in den Mixtopf geben und auf Stufe 5 zerkleinern (bei Stufe 5 auf das laufende Messer fallen lassen).
1	**Camembert (in Stücken)**	
60 g	**Butter**	
etw	**Salz**	
etw	**Pfeffer**	
	Paprikapulver (nicht zu knapp!)	
etw	**Kümmel**	zugeben und alles ca. 20 bis 30 Sekunden / Stufe 3 mit Hilfe des Spatels vermengen.

Anmerkungen:

- Butter und Camembert sollten Zimmertemperatur haben!
- Mit dem Paprikapulver nicht zu sparsam sein. Der Aufstrich soll eine rötliche Farbe bekommen.
- Obazda schmeckt hervorragend auf frischem Brot.
- Butter lässt sich einfach selbst herstellen. Ein entsprechendes Rezept finden Sie in unserem Band 1.

Rezeptvariante:

- Camembert durch Brie ersetzen. Dadurch wird der Aufstrich etwas milder.

Serviervorschlag:

- In eine Schüssel füllen und mit etwas Paprikapulver und Zwiebelringen garnieren.

Fleischsalat

200 g	**Kochschinken**	zu Röllchen drehen und senkrecht in den Mixtopf stellen.
8 – 10	**Cornichons**	zugeben und 3 Sekunden / Stufe 5 zerkleinern.
200 g	**Frischkäse**	zugeben und 6 bis 8 Sekunden / Rückwärtsgang / Stufe 3 (6 bis 8 Sekunden / Stufe 2) unterrühren.

Anmerkungen:

- Durch das „Aufstellen“ der Schinkenröllchen werden diese sehr gleichmäßig zerkleinert.
- Frischkäse lässt sich einfach selbst herstellen. Ein entsprechendes Rezept finden Sie in unserem Band 1.

Rezeptvarianten:

- Cornichons durch 3 feste Gewürzgurken ersetzen.
- Statt Frischkäse eignen sich auch 150 g Joghurt-Frischkäse und 50 g Meerrettich-Frischkäse.
- Eine Teil Frischkäse (100 g) durch 75 g Kräuterfrischkäse und 25 g Mayonnaise ersetzen.

Pizzabutter

1	**Knoblauchzehe**	
1	**Zwiebel**	
	(halbiert)	in den Mixtopf geben und 5 Sekunden / Stufe 5 zerkleinern (Knoblauch und Zwiebel nacheinander bei Stufe 5 auf das laufende Messer fallen lassen).
40 g	**Butter**	zugeben und 2 Minuten / 80° / Stufe 1 dünsten.
250 g	**Möhren**	
	(in Stücken)	zugeben und auf Stufe 5 zerkleinern.
150 g	**Tomatenmark**	
1 TL	**Salz**	
1 TL	**Pizzagewürz**	
etw	**Pfeffer**	zugeben und 4 Minuten / 80° / Stufe 1 bis 2 dünsten.
40 g	**Sahne**	
1 Sp	**Zitronensaft**	
150 g	**Butter**	zugeben, 40 Sekunden / Stufe 4 bis 5 untermischen, umfüllen und abkühlen lassen.

Anmerkungen:

- Zur Haltbarkeit: Alles, was nicht innerhalb von 2 Tagen verbraucht wird, am besten einfrieren.
- Butter lässt sich einfach selbst herstellen. Ein entsprechendes Rezept finden Sie in unserem Band 1.

Rezeptvarianten:

- Pizzagewürz kann man aus Thymian, Oregano, Basilikum, Rosmarin und Bohnenkraut selber herstellen.
- Mit ein wenig Milch gestreckt ist die Pizzabutter eine leckere Sauce zu Pasta oder auch in einem Auflauf.

Leberwurst, falsche

50 g	**Nüsse**	in den Mixtopf geben, 15 Sekunden / Stufe Turbo mahlen und umfüllen.
50 g	**Grünkern**	
¼	**Lorbeerblatt**	in den Mixtopf geben, 10 Sekunden / Stufe Turbo mahlen und umfüllen.
120 g	**Zwiebel (geviertelt)**	in den Mixtopf geben und 5 Sekunden / Stufe 5 zerkleinern (bei Stufe 5 auf das laufende Messer fallen lassen).
30 g	**Butter**	zugeben und 3½ Minuten / 100° / Stufe 1 bis 2 andünsten.
150 g	**Wasser**	
1 EL	**Gemüsebrühe**	und den zerkleinerten Grünkern zugeben und 7 Minuten / 100° / Stufe 2 kochen lassen.
3 TL	**Petersilie**	
1½ TL	**Schnittlauch**	
¼ TL	**Pfeffer**	
¼ TL	**Muskat**	
1 Pr	**Kardamom**	
1 Pr	**Thymian**	
40 g	**Butter**	und die zerkleinerten Nüsse zugeben, 12 Sekunden / Stufe 6 vermischen, umfüllen und kühl stellen.

Anmerkungen:

- Mindestens 3 Stunden im Kühlschrank ziehen lassen und bei Zimmertemperatur servieren.
- Maximal 1 Woche haltbar.

- Als Nüsse können z.B. Walnüsse oder Haselnüsse verwendet werden.
- Butter lässt sich einfach selbst herstellen. Ein entsprechendes Rezept finden Sie in unserem Band 1.

Rezeptvarianten:

- Thymian durch Majoran ersetzen.
- Nüsse durch Sonnenblumen- und/oder Kürbiskerne austauschen.
- Pikant: 4 Knoblauchzehen, Schwarzkümmel und Piri-Piri (scharfe Würzsauce, meist in Gläschen erhältlich) zugeben.
- Kalorienreduziert: Halbfettmargarine statt Butter verwenden.

Mettwurst

1	**Zwiebel (geviertelt)**	
250 g	**Schinkenspeck (gewürfelt)**	in den Mixtopf geben und 5 Sekunden / Stufe 6 zerkleinern.
150 g	**Butter**	
200 g	**Serrano-Schinken (in Stücken)**	zugeben und alles auf Stufe 10 bis zur gewünschten „Feinheit“ zerkleinern.

Rezeptvarianten:

- Serrano-Schinken durch Koch- oder Schwarzwälder-Schinken ersetzen.
- Statt der Zwiebel Lauchzwiebeln (inkl. Grün) nehmen.
- Butter lässt sich einfach selbst herstellen. Ein entsprechendes Rezept finden Sie in unserem Band 1.

Serviervorschläge:

- Zu frischem Bauernbrot reichen.
- Mit Salz und Pfeffer bestreuen.

Schinkenaufstrich

100 g	**Schinken (in Stücken)**	
1 kl	**Zwiebel (geviertelt)**	in den Mixtopf geben und 7 Sekunden / Stufe 6 zerkleinern (nacheinander bei Stufe 7 auf das laufende Messer fallen lassen).
100 g	**Frischkäse**	
100 g	**Schmand**	
etw	**Kräutersalz**	
etw	**Pfeffer**	zugeben und 5 Sekunden / Stufe 5 vermischen.

Anmerkungen:

- Man kann sowohl rohen als auch gekochten Schinken verwenden.
- Frischkäse und Kräutersalz lassen sich einfach selbst herstellen. Entsprechende Rezepte finden Sie in unserem Band 1.

Cashew-Paprika-Aufstrich

150 g	**Cashew-Kerne (gesalzen)**	
1	**Paprika (rot, entkernt, in Stücken)**	in den Mixtopf geben und 10 Sekunden / Stufe Turbo zerkleinern.
2 EL	**Sonnenblumenöl**	
2 EL	**Olivenöl**	
2 EL	**Balsamico-Essig**	
400 g	**Frischkäse**	zugeben und 15 bis 20 Sekunden / Stufe 4 untermischen. Eventuell mit
etw	**Salz**	abschmecken.

Anmerkung:

- Frischkäse lässt sich einfach selbst herstellen. Ein entsprechendes Rezept finden Sie in unserem Band 1.

Serviervorschlag:

- Sehr lecker zu frischem Baguettebrot.

Schafskäse-Dipp

1	**Knoblauchzehe**	
1	**Paprika (rot, in Stücken)**	in den Mixtopf geben und 3 Sekunden / Stufe 4 zerkleinern (nacheinander bei Stufe 4 auf das laufende Messer fallen lassen).
200 g	**Schafskäse (in Stücken)**	
etw	**Pfeffer**	zugeben und 3 Sekunden / Stufe 6 zerkleinern.
Etw	**Olivenöl**	zugeben und 3 Sekunden / Stufe 3 unterrühren.
100 g	**Schmand**	zugeben und 4 Sekunden / Stufe 3 unterrühren.

Rezeptvariante:

- Schafskäse durch Kuhmilchfeta ersetzen.

Serviervorschlag:

- Zusammen mit frischem Fladenbrot (siehe dazu separates Rezept, Seite 13) servieren.

4 Dipps aus einem Topf

Grundsauce (1200 g)

600 g	**Joghurt (1,5 % Fett)**	
300 g	**Saure Sahne**	
300 g	**Magerquark**	
etw	**Mineralwasser**	in den Mixtopf geben und alles auf Stufe 4 miteinander vermischen. Die Sauce umfüllen, den Mixtopf säubern und trocknen. Die Grundsauce ist Bestandteil aller 4 folgenden Dipps!

Knoblauch-Sauce

3	**Knoblauch-zehen**	in den Mixtopf geben und 3 Sekunden / Stufe 4 zerkleinern (bei Stufe 5 auf das laufende Messer fallen lassen).
¼	**Schlangengurke**	schälen, halbieren, entkernen, in 3 bis 4 Stücke schneiden, zugeben und 3 Sekunden / Stufe 4 zerkleinern (bei Stufe 5 auf das laufende Messer fallen lassen).
300 g	**Grundsauce**	
1 TL	**Senf**	
etw	**Salz**	
etw	**Pfeffer**	
1 Pr	**Zucker**	
1 Sp	**Zitronensaft**	
½ Bd	**Schnittlauch (in Röllchen)**	zugeben, auf Stufe 2 verrühren und abschmecken.

Senf-Curry-Sauce

300 g	**Grundsauce**	
1 EL	**Curry**	
2 EL	**Senf**	
2 EL	**Orangensaft**	
1 TL	**Zitronensaft**	
etw	**Salz**	
etw	**Pfeffer**	
evtl. etw	**Zucker (oder Süßstoff)** ...	in den Mixtopf geben und auf Stufe 4 verrühren.

Feuer-Sauce

1	**Knoblauchzehe**	
1	**Zwiebel (halbiert)**	in den Mixtopf geben und 5 Sekunden / Stufe 5 zerkleinern (Knoblauch und Zwiebel nacheinander bei Stufe 5 auf das laufende Messer fallen lassen).
½	**Paprika (rot, in Stücken)**	
½	**Paprika (grün, in Stücken)**	zugeben und 3 Sekunden / Stufe 4 zerkleinern (bei Stufe 5 auf das laufende Messer fallen lassen).
300 g	**Grundsauce**	
1 TL	**Senf**	
2 EL	**Curryketchup**	
2 Msp	**Sambal Olek (Chilipaste)**	
etw	**Salz**	
etw	**Pfeffer**	
etw	**Paprikapulver**	
evtl. etw	**Zucker (oder Süßstoff)** ...	in den Mixtopf geben und auf Stufe 4 verrühren.

Grüne Sauce

1	**Knoblauchzehe**	
1	**Frühlings-zwiebel**	in den Mixtopf geben und 5 Sekunden / Stufe 5 zerkleinern (Knoblauch und Zwiebel nacheinander bei Stufe 5 auf das laufende Messer fallen lassen).
1	**Gewürzgurke (evtl. halbiert)**	
etw	**Petersilie**	
etw	**Dill**	
etw	**Schnittlauch**	
etw	**Kerbel**	durch die Deckelöffnung zugeben und 4 Sekunden / Stufe 5 mixen.
300 g	**Grundsauce**	
1 TL	**Senf**	
2 – 3 EL	**Gurkensud**	
etw	**Salz**	
etw	**Pfeffer**	
1 Pr	**Zucker**	zugeben und alles auf Stufe 4 gut verrühren.

Anmerkung:

- Mittelscharfen Senf verwenden.

Rezeptvariante:

- Nur 1 Sauce herstellen. Dafür folgende Grundsauce verwenden:

Grundsauce (300 g)

150 g	**Joghurt (1,5 % Fett)**	
75 g	**Saure Sahne**	
75 g	**Magerquark**	
etw	**Mineralwasser**	in den Mixtopf geben und alles auf Stufe 4 miteinander vermischen.

Thunfisch-Dipp

1	**Zwiebel (halbiert)**	in den Mixtopf geben und 5 Sekunden / Stufe 5 zerkleinern (bei Stufe 5 auf das laufende Messer fallen lassen).
80 g	**Miracel Whip**	
40 g	**Curryketchup**	
2 Do	**Thunfisch**	zugeben und alles 10 Sekunden / Stufe 3 bis 4 verrühren.

Anmerkungen:

- Thunfisch in eigenem Saft verwenden und diesen vorher gut abtropfen lassen.
- Der Dipp eignet sich auch als Brotaufstrich.

Rezeptvarianten:

- 1 Ei (hart gekocht) zufügen und mit zerkleinern.
- Die Zwiebel weglassen und stattdessen mit etwas Zwiebelpulver würzen.

Serviervorschläge:

- Zu Rohkost servieren.
- In ein Fladenbrot (siehe dazu separates Rezept, Seite 13) geben und mit ein paar Gurkenscheiben garnieren.

Ananas-Cashew-Dipp

100 g	**Cashew-Kerne (ungesalzen)**	in den Mixtopf geben und 20 Sekunden / Stufe Turbo mahlen.
4 Schei	**Ananas (in Stücken)**	zugeben und 10 Sekunden / Stufe 5 pürieren.
200 g	**Crème fraîche**	
150 g	**Joghurt**	
1 TL	**Honig**	
50 g	**Rosinen**	(ACHTUNG! Gilt nur für den Wunderkessel 31!) zugeben und 10 Sekunden / Rückwärtsgang / Stufe 3 verrühren. (Im Wunderkessel 21 die Rosinen unbedingt erst nach dem Verrühren in einer Schüssel mit dem Löffel unterrühren, da sie im Mixtopf zu sehr zerkleinert würden!).

Anmerkung:

- Der Dipp schmeckt gut zu Rohkost, aber auch zu Salzgebäck (Cracker) oder Grissini.

Tsatsiki

3 – 4	**Knoblauchzehen**	in den Mixtopf geben und 5 Sekunden / Stufe 5 zerkleinern (bei Stufe 5 auf das laufende Messer fallen lassen).
Etw	**Schnittlauch**	zugeben.
1	**Zwiebel (halbiert)**	zugeben und 4 Sekunden / Stufe 5 zerkleinern (bei Stufe 5 auf das laufende Messer fallen lassen).
200 g	**Schafskäse**	grob zerbröseln und in den Mixtopf geben.
½	**Schlangengurke**	entkernen, in grobe Stücke schneiden, ebenfalls zugeben und alles 5 Sekunden / Stufe 4 zerkleinern.
500 g	**Magerquark**	
1 Be	**Schmand**	
1 – 2 TL	**Tsatsiki-Gewürz**	
1 Pr	**Salz**	
1 Pr	**Pfeffer**	zugeben und alles 10 Sekunden / Stufe 4 vermischen.

Anmerkungen:

- Den Schnittlauch vorher mit einer Schere in kleine Stücke schneiden, damit er sich nicht um das Messer wickelt!
- Die Schlangengurke braucht nicht geschält zu werden.

Rezeptvariante:

- Schafskäse durch Kuhmilchfeta ersetzen.

Sour-Cream

1	**Knoblauchzehe**	
1	**Zwiebel (halbiert)**	in den Mixtopf geben und 5 Sekunden / Stufe 5 zerkleinern (Knoblauch und Zwiebel nacheinander bei Stufe 5 auf das laufende Messer fallen lassen).
1 Bd	**Dill**	zugeben und 3 Sekunden / Stufe 5 zerkleinern (bei Stufe 5 auf das laufende Messer fallen lassen).
250 g	**Magerquark**	
200 g	**Crème fraîche**	
etw	**Pfeffer (weiß)**	
etw	**Salz**	
1 Pr	**Zucker**	
1 – 2 EL	**Kräuteressig**	zugeben und 7 Sekunden / Stufe 4 untermischen.

Rezeptvarianten:

- Kräuter - Crème fraîche verwenden.
- Anstelle von frischem oder getrocknetem Dill (ca. 1 TL) eignet sich auch Tiefkühl-Dill.
- Dill durch 1 Pck „8-Kräuter“ (TK) austauschen.
- Crème fraîche durch Schmand ersetzen.

Serviervorschläge:

- Sour-Cream z.B. als Füllung in Folienkartoffeln geben.
- Sehr lecker zu Fladenbrot (siehe dazu separates Rezept, Seite 13).
- Ideal auch als Ergänzung zu unseren herzhaften Snacks aus Band 1.

Döner-Sauce

200 g	**Joghurt**	in einen Kaffeefilter geben und dort 45 Minuten abtropfen lassen. Anschließend
3	**Knoblauch-zehen**..................	in den Mixtopf geben und 5 Sekunden / Stufe 5 zerkleinern (bei Stufe 5 auf das laufende Messer fallen lassen). Den Joghurt,
200 g	**Schmand**	
etw	**Salz**	
¼ Pck	**8-Kräuter (TK)**	
1 – 2 TL	**Sambal Olek**	zugeben und alles 10 Sekunden / Stufe 4 vermischen.

Serviervorschläge:

- Ein leckerer Dipp zu Rohkost.
- Ideal auch als Ergänzung zu unseren herzhaften Snacks aus Band 1.
- Die Sauce passt hervorragend zu den „aufgeblasenen“ Fladenbrötchen (siehe dazu separates Rezept, Seite 48).

Cornflakes-Konfekt

400 g	**Schokolade (Vollmilch oder Zartbitter)**	in den Mixtopf geben, 10 Sekunden / Stufe 8 zerkleinern und anschließend 4 Minuten / 50° / Stufe 3 schmelzen.
100 g	**Cornflakes**	bei Stufe 1 / Rückwärtsgang (Stufe 1) auf das laufende Messer fallen lassen und alles gut vermengen. Mit einem Löffel kleine „Häufchen“ entnehmen und auf Backpapier abkühlen lassen.

Anmerkungen:

- Wenn das Messer nicht alle Cornflakes erfasst, mit dem Spatel etwas nachhelfen.
- Dieses Rezept eignet sich besonders gut zur “Resteverwertung“ von Schokoladen-Osterhasen, -Nikoläusen, oder -Weihnachtsmännern.

Rezeptvarianten:

- Noch Mandelstifte mit unterrühren.
- Als „helle“ Variante weiße Schokolade oder weiße Kuvertüre nehmen.
- Die Masse auf ein Backblech streichen, abkühlen lassen und dann zerschneiden oder brechen.

Trüffel „Grand Marnier“

125 g	**Sahne**	in den Mixtopf geben und 4 Minuten / 50° / Stufe 2 erhitzen.
250 g	**Kuvertüre (Zartbitter, in Stücken)**	zugeben und weitere 5 Minuten / 70° / Stufe 2 auflösen.
40 g	**Butter**	
1 Schl	**Grand Marnier** ...	zugeben und 30 Sekunden / Stufe 2 unterrühren. Die Masse in eine Plastikschüssel umfüllen und im Kühlschrank ca. 60 bis 90 Minuten erkalten lassen. Anschließend in einen Spritzbeutel mit gezackter Tülle füllen, kleine Tupfen in Pralinenhütchen spritzen und diese sofort mit
	Pistazien (gehackt)	bestreuen.

Anmerkungen:

- Die Masse darf im Kühlschrank nicht zu kalt werden, damit sie noch gut mit dem Spritzbeutel weiterverarbeitet werden kann.
- Im Kühlschrank etwa 1 Woche haltbar.
- Butter lässt sich einfach selbst herstellen. Ein entsprechendes Rezept finden Sie in unserem Band 1.

Rezeptvarianten:

- Grand Marnier durch Himbeergeist austauschen.
- Zu Kugeln formen und in Kakao (Instant) wälzen.

Kaffeekugeln (ca. 60 Stück)

50 g	**Zucker**	
2 EL	**Kaffeepulver (Instant)**	
1 Pck	**Vanillezucker**	in den Mixtopf geben und 10 Sekunden / Stufe Turbo pulverisieren.
150 g	**Haselnüsse**	zugeben und weitere 10 Sekunden / Stufe Turbo zerkleinern.
50 g	**Kakao (Instant)**	
250 g	**Weizenmehl (Type 405)**	
1 Pr	**Salz**	zugeben und alles 8 Sekunden / Stufe 4 vermischen.
100 g	**Frischkäse (Doppelrahmstufe)**	
125 g	**Butter**	zugeben und 2 bis 3 Minuten / Teigstufe mit Hilfe des Spatels (der Teig ist sehr fest!) gut verkneten. Den Teig entnehmen und in mehrere Portionen (tennisballgroß) teilen. Aus den einzelnen Teilen fingerdicke Rollen formen, mit dem Messer kleine Stücke (Durchmesser in etwa wie eine 1-EUR-Münze) abschneiden, diese zu Kugeln formen und auf ein mit Backpapier ausgelegtes Backblech legen. Bei 175° im vorgeheizten Backofen ca. 12 bis 15 Minuten backen. Noch warm in
	Puderzucker	wälzen oder überstäuben.

Anmerkungen:

- Vanillezucker, Frischkäse und Butter lassen sich einfach selbst herstellen. Entsprechende Rezepte finden Sie in unserem Band 1.

Rezeptvarianten:

- Kaffeepulver durch Capuccinopulver ersetzen.
- Etwas Whiskey oder Rum in den Teig geben.
- Mit Zimt, Piment, Kardamom und/oder Koriander verfeinern.
- Die Kugeln statt in Puderzucker zu wälzen mit Zartbitterkuvertüre überziehen.

Rumkugeln (ca. 30 Stück)

200 g	**Löffelbiskuit**	in den Mixtopf geben, 8 Sekunden / Stufe 10 zerkleinern und umfüllen.
100 g	**Schokolade (Zartbitter, in Stücken)**	in den Mixtopf geben, 10 Sekunden / Stufe 10 zerkleinern und umfüllen.
40 g	**Konfitüre**	
30 – 50 g	**Rum**	
50 g	**Butter (weich)**	in den Mixtopf geben und 10 Sekunden / Stufe 3 verrühren. Zerkleinerten Biskuit und Schokolade zugeben und alles 30 Sekunden / Stufe 4 zu einem Teig verarbeiten. Aus dem Teig kleine Kugeln formen, in
	Schokostreusel	wälzen und kaltstellen.

Anmerkungen:

- Als Konfitüre eignet, sich z.B. Preiselbeer-, Erdbeer-, Kürbis- oder auch Orangenkonfitüre.
- Butter lässt sich einfach selbst herstellen. Ein entsprechendes Rezept finden Sie in unserem Band 1.

Rezeptvarianten:

- 2/3 der Rummenge durch Weinbrand ersetzen.
- Statt Rum 1 Fläschchen Rumaroma verwenden.
- Die Kugeln in Kakao (Instant) oder Kokosflocken wälzen.

Erdbeer-Joghurt-Eis

50 g	**Zucker**	in den Mixtopf geben und 10 Sekunden / Stufe Turbo zu Puderzucker verarbeiten.
100 g	**Schokolade (Erdbeer-Joghurt, gefroren)**	
300 g	**Erdbeeren (gefroren)**	nacheinander ebenfalls auf Stufe Turbo zerkleinern.
150 g	**Joghurt (Stracciatella)**.....	zugeben und alles auf Stufe 4 mit Hilfe des Spatels cremig rühren.

Anmerkung:

- Das Eis kann direkt verzehrt werden und muss nicht noch einmal in die Tiefkühlung.

Rezeptvarianten:

- Den Joghurt vorher auch schon einfrieren und vor dem Verarbeiten in grobe Stücke schneiden.
- Noch etwas Sahne zugeben, dann wird das Eis cremiger.
- Schokoladen- und Joghurt-Sorten können beliebig ausgetauscht werden.

Früchtetraum

2 EL	**Zucker**	in den Mixtopf geben und 10 Sekunden / Stufe Turbo zu Puderzucker verarbeiten.
300 g	**Erdbeeren (gefroren)**	zugeben und ca. 30 Sekunden / Stufe Turbo pürieren. Den Deckel abnehmen und mit dem Spatel das Fruchtpüree nach unten schieben. ***Rühraufsatz einsetzen!***
2	**Eiweiß**	zugeben und alles 1 Minute / Stufe 3 cremig schlagen.

Anmerkungen:

- Achtung! Nach dem Pürieren der Früchte dürfen keine gröberen Fruchtstücke mehr im Mixtopf sein, da sonst die Gefahr besteht, dass der Rühraufsatz bricht!
- Das Eis schmeckt sehr cremig - fast wie Softeis!

Rezeptvarianten:

- Erdbeeren durch andere gefrorene Früchte ersetzen, z.B. Himbeeren oder auch Fruchtmischungen.
- Statt Eiweiß ungeschlagene Sahne (süß) nehmen, dann ist es allerdings etwas kalorienreicher und nicht ganz so „schaumig". Wenn die Sahne gefroren ist, wird das Eis fester und man kann Kugeln daraus machen. Achtung! Bei gefrorener Sahne ohne den Rühraufsatz arbeiten!

Weihnachts-Eis

250 g	**Milch**	
1 EL	**Schokoaufstrich**	
4 EL	**Zucker**	in den Mixtopf geben und 3 Minuten / 60° / Stufe 3 erwärmen, bis sich der Schokoaufstrich gelöst hat.
15 g	**Lebkuchengewürz**	
1 gestr EL	**Zimt**	zugeben, 5 Sekunden / Stufe Turbo untermischen, umfüllen und abkühlen lassen. Den Mixtopf säubern. ***Rühraufsatz einsetzen!***
400 g	**Sahne**	
1 Pck	**Vanillezucker**	in den Mixtopf geben und im Intervall auf Stufe 4 (Stufe 3) steif schlagen. Anschließend die Schokomischung zugeben und 1 Minute / Stufe 2 unterrühren.
3 EL	**Honig**	
1 Fl	**Rumaroma**..........	zugeben, kurz auf Stufe 2 unterrühren, die Masse in Eiswürfelbehälter füllen und einfrieren. Vor dem Servieren die gefrorenen Würfel in den Mixtopf geben und 10 Sekunden / Stufe Turbo mit Hilfe des Spatels cremig rühren.

Anmerkung:

- Vanillezucker lässt sich einfach selbst herstellen. Ein entsprechendes Rezept finden Sie in unserem Band 1.

Rezeptvariante:

- Gehackte Mandeln, Kokosflocken oder Rosinen unterrühren.

Glühwein-Eis

400 g	**Glühwein**	in den Mixtopf geben und 15 Minuten / Dampfgarstufe / Stufe 2 (ohne Messbecher) kochen (reduzieren), umfüllen und auf Zimmertemperatur abkühlen lassen.
1	**Vanilleschote (nur das Mark)**	
200 g	**Glühwein (nicht der gekochte!)**	
130 g	**Zucker**	in den Mixtopf geben und 5 Minuten / 100° / Stufe 1 aufkochen.
250 g	**Butter (kalt)**	in kleinen Stücken zugeben und 20 Sekunden / Stufe 5 unterrühren. Den reduzierten Glühwein wieder zugeben und alles 5 Minuten / 70° / Stufe 5 köcheln lassen. Dabei während der ersten beiden Minuten
2	**Eier**	nacheinander durch die Deckelöffnung zugeben. Die Masse in ein flaches Gefäß umfüllen, etwas abkühlen lassen und dann einfrieren. Vor dem Servieren die gefrorene Eismasse in zwei Portionen (jeweils in Stücken) im Mixtopf 15 Sekunden / Stufe 7 cremig rühren und nochmals für mindestens 2 Stunden einfrieren.

Anmerkungen:

- Das Eis kristallisiert durch das zweite Einfrieren nicht und lässt sich jederzeit einfach portionieren.

- Durch die Butter schmilzt das Eis leider ziemlich schnell auf dem Teller!
- Butter lässt sich einfach selbst herstellen. Ein entsprechendes Rezept finden Sie in unserem Band 1.

Rezeptvarianten:

- Alkoholfreie Variante mit Trauben-, Kirschsaft oder Kinderpunsch anstelle von Glühwein.
- Vanillemark durch Vanillearoma ersetzen.

Vanille-Eis-Kreation, märchenhafte

150 g	**Vollmilch**	
150 g	**Sahne**	
100 g	**Vanillezucker (selbst hergestellt)**	
4 gr	**Eigelb**	
300 g	**Crème double**	in den Mixtopf geben und 20 Minuten / 80° / Stufe 3 kochen. Die Eismasse in Eiswürfelbehälter verteilen und mindestens 4 Stunden (besser über Nacht) einfrieren. „Cremig-Rühren“: Vor dem Servieren die gefrorenen Eiswürfel in den Mixtopf geben und auf Stufe 5 verrühren.

Anmerkungen:

- Die Vanille-Eismasse soll nicht über 80° erhitzt werden, da das Eis hinterher sonst nicht „stichfest“ wird.
- Zum „Cremig-Rühren“ mindestens 350 g Vanille-Eiswürfel verwenden, da das Ergebnis bei kleineren Mengen nicht so schön wird.
- Vanillezucker lässt sich einfach selbst herstellen. Ein entsprechendes Rezept finden Sie in unserem Band 1.

Rezeptvarianten:

- Schoko-Eis 1: 175 g Zartbitter- oder Edelbitterschokolade (zerkleinert, mindestens 70% Kakaoanteil!), 150 g Vollmilch, 350 g Sahne, 50 g Zucker, 2 Eigelb. 30 Minuten / 90° / Stufe 3, danach wie oben angegeben.
- Schoko-Eis 2: 100 g Zartbitterschokolade (zerkleinert, mindestens 70% Kakaoanteil!), 75 g Vollmilchschokolade (zerkleinert), 150 g Vollmilch, 350 g Sahne, 50 g Zucker, 2 Eigelb. 30 Minuten / 90° / Stufe 3, danach wie oben angegeben.

- Nach dem „Cremig-Rühren“ Rosinen (in Rum eingelegt) oder Amarena-Kirschen zugeben und Rückwärtsgang / Stufe 1 (Stufe 1) vorsichtig unterrühren.

- Soft-Eis: 300 g Vanille-Eiswürfel kurz mixen, 1 Eiweiß zugeben und schaumig rühren.

- **Märchenhafte Varianten!**

  Fügen Sie vor dem „Cremig-Rühren“ wahlweise folgende Zutat/en zu:

  - in grobe Stücke geschnittenen Schokoladenriegel (z.B. Mars, Twix, Yogurette, After-Eight, Snickers, Toffifee, Smarties, etc.)
  - karamellisierte Walnüsse, Mandeln, Haselnüsse, Erdnüsse oder Pistazien
  - gefrorene Früchte (z.B. Erdbeeren, Pflaumen, Bananen, kernlose Weintrauben, Aprikosen, Orangen, Mandarinen)
  - 50 g Butter, 50 g Sahne, 50 g Zucker in einer Pfanne einkochen, abkühlen lassen
  - geriebene Zitronenschale und Saft der Zitrone
  - Winter-Eis: Spekulatius-Kekse (in Stücken) und Lebkuchengewürz
  - Bratapfel-Eis: Apfelspalten in Butter braten, mit Zimt bestäuben, abkühlen lassen, einfrieren
  - Weihnachts-Eis: 1 TL Zimt

Muuhley's (Sahnelikör)

200 g	**Sahne**	
15 Stck	**Sahne Muh-Muhs**	
4 Stck	**Schokolade (ca. 15 g)**	in den Mixtopf geben und 7 Minuten / 60° / Stufe 1 verrühren. Anschließend kurz auf Stufe Turbo mixen.
150 g	**Wodka**	zugeben, 10 Sekunden / Stufe 5 unterrühren, in eine Flasche umfüllen und abkühlen lassen.

Anmerkungen:

- „Sahne Muh-Muhs" sind Sahne-Toffees (ähnlich Karamell-Bonbons) in einer gelb/weiß gestreiften Verpackung mit einer Kuh drauf.
- Im Kühlschrank aufbewahren!
- Der Likör ist gut gekühlt ca. 2 Wochen haltbar.
- Vor dem Servieren kurz „aufschütteln", falls sich etwas „Flocken" abgesetzt haben.

Rezeptvarianten:

- Etwa die Hälfte der Bonbons durch Toffifee ersetzen. Dann allerdings keine Schokolade mehr zugeben.
- Sahne Muh-Muhs durch „Werther's Original" austauschen.

Clara-Colada (1,5 l)

1 Do	**Ananasstücke (mittelgroß, gezuckert, inkl. Saft)**	
1/3 Fl	**Batida de Coco** ...	in den Mixtopf geben und 1 Minute/ Stufe Turbo fein pürieren.
1 Do	**Kokosmilch (ungesüßt, 400 ml)**	
1 Be	**Sahne (kalt, 200 g)**	
3 gr Schl	**Blue Curacao**	zugeben, 10 Sekunden / Stufe 2 unterrühren, umfüllen und kühl stellen.

Anmerkungen:

- Vor dem Servieren kurz „aufschütteln“.
- Die Sahne muss kalt sein, sonst wird sie beim Rühren schnell zu Butter!
- Im Kühlschrank ca. 3 bis 4 Tage haltbar.
- Wenn die Ananas etwas angefroren ist, wird sie beim Zerkleinern nicht „faserig“.

Rezeptvarianten:

- Noch einen kleinen Schluck weißen Rum zusätzlich zugeben.
- Low-Fat: 200 g Sahne durch 100 g Eiswürfel und 100 g fettarme Milch ersetzen.

Cosmopolitan

30 g	**Absolut Citron (Zitronenwodka)**	
10 g	**Cointreau**	
10 g	**Limettensaft**	
20 g	**Cranberrysaft**	
5 – 6	**Eiswürfel**	in den Mixtopf geben und 10 Sekunden / Stufe 2 mixen. Den Mixtopfinhalt durch den Siebeinsatz in Cocktailgläser „abseihen“, die Eiswürfel bleiben dabei im Siebeinsatz und werden nicht mit serviert.

Anmerkungen:

- Zitronenwodka ist die „Seele“ dieses Getränks. Den Drink niemals mit „normalem“ Wodka mixen!
- Für größere Mengen können die Zutaten vervielfacht werden, dann allerdings die Rührzeit etwas erhöhen.

Eierlikör

Rührraufsatz einsetzen!

5	**Eier (ganz)**	
200 – 250 g	**Zucker**	
3 Pck	**Vanillezucker**	
300 g	**Sahne**	in den Mixtopf geben und 5 Minuten / 70° / Stufe 3 erhitzen.
400 g	**Korn**	zugeben, weitere 3 Minuten / 70° / Stufe 3 (4 Minuten / 70° / Stufe 3) erwärmen, umfüllen und abkühlen lassen.

Anmerkungen:

- Im Kühlschrank aufbewahren.
- Der Likör ist ca. 2 Wochen haltbar.
- Vor dem Servieren kurz aufschütteln.
- Unbedingt frische Eier verwenden!
- Vanillezucker lässt sich einfach selbst herstellen. Ein entsprechendes Rezept finden Sie in unserem Band 1.
- Wenn der Likör zu dickflüssig ist, noch etwas Sahne untermischen.

Rezeptvarianten:

- Korn durch Weinbrand oder Brandy ersetzen.
- Weihnachtlich: 700 g Eierlikör mit ½ TL Zimt, 1 Msp Nelken (gemahlen) und 1 Msp Kardamom vermischen.

Serviervorschläge:

- Als Sauce über Eis oder Kirschen verwenden.
- 1 Teil Eierlikör mit 3 Teilen Limonade (Bitter Lemon oder Zitronenlimonade) und ein paar Eiswürfeln vermischen und genießen.

Marzipanlikör

150 g	**Schokolade (weiß)**	in den Mixtopf geben und 5 Sekunden / Stufe 7 zerkleinern.
80 g	**Zucker**	
1	**Ei**	
250 g	**Sahne**	zugeben und 4 Sekunden / Stufe 9 vermischen.
300 – 400 g	**Amaretto**	zugeben und alles 7 Minuten / 90° / Stufe 3 erhitzen. Weitere
250 g	**Sahne**	zugeben und 4 Sekunden / Stufe 6 untermischen. Den Likör in eine Flasche umfüllen und abkühlen lassen.

Anmerkungen:

- Im Kühlschrank aufbewahren.
- Der Likör ist ca. 2 Wochen haltbar.
- Amaretto erzeugt den Marzipangeschmack im Likör.

Eierpunsch

250 – 300 g	**Eierlikör**	
200 g	**Weißwein**	
200 g	**Orangensaft**	
1 Pck	**Vanillezucker**	
1 Sch	**Amaretto**	in den Mixtopf geben und alles 7 Minuten / 80° / Stufe 2 erhitzen.

Anmerkungen:

- Eierlikör lässt sich einfach selbst herstellen (siehe dazu separates Rezept, Seite 85).
- Vanillezucker lässt sich einfach selbst herstellen. Ein entsprechendes Rezept finden Sie in unserem Band 1.

Rezeptvariante:

- Amaretto durch Grand Marnier oder Cointreau ersetzen.

Winter-Punsch

90 – 100 g	**Kandis**	in den Mixtopf geben und 30 Sekunden / Stufe Turbo pulverisieren.
0,7 l	**Rotwein**	
2 Pr	**Zimt (gemahlen)**	
1 Pr	**Nelken (gemahlen)**	
100 g	**Cointreau**	
300 g	**Orangensaft**	zugeben und alles 7 Minuten / 80° / Stufe 2 erhitzen.

Rezeptvarianten:

- Cointreau durch Grand Marnier, Triple Sec oder anderen Orangenlikör ersetzen.
- Nicht ganz so süß wird das Getränk, wenn die Kandismenge auf 60 g reduziert wird.

Milchshake McWunderkessel

250 g **Vanilleeis**
370 g **Milch** .... in den Mixtopf geben, 15 Sekunden / Stufe 6 bis 7 verrühren, einen Moment warten und anschließend nochmals 15 Sekunden / Stufe 8 aufschäumen.

Anmerkungen:

- 250 g Eis entsprechen etwa 500 ml!
- Vanilleeis lässt sich auch einfach selbst herstellen (siehe dazu separates Rezept, Seite 80/81).

Rezeptvarianten:

- Erdbeer-Shake:
  Noch 3 EL Instant-Kakao-Pulver „Erdbeere“ zugeben.
- Schoko-Shake:
  Noch 3 EL Instant-Kakao-Pulver „Schokolade“ zugeben.

Bitter Lemon

2 – 3	**Bio-Zitronen (unbehandelt, gewaschen, geviertelt)**	
1000 g	**Wasser (oder Mineral-wasser)**	
90 g	**Zucker**	in den Mixtopf geben und 3- bis 4-mal im Intervall auf Stufe Turbo schalten. Den Siebeinsatz einhängen und anschließend den Saft ausgießen.

Anmerkung:

- Die Zitronen werden inkl. Schale verarbeitet. Deswegen unbedingt unbehandelte Früchte verwenden!

Multi-Vitamin-Saft

Ca. 500 g	**Obst (beliebig)**	in groben Stücken in den Mixtopf geben und auf Stufe 6 zerkleinern. Anschließend auf Stufe 9 so lange mixen, bis keine Stückchen mehr übrig sind. Mit
	Wasser (still)	auffüllen.

Anmerkungen:

- Als Obst kann man z.B. weiche Bananen, Kiwis, Birnen, Orangen, Äpfel, Zitronen, Trauben, Erdbeeren, Himbeeren und/oder Nektarinen verwenden.
- Je nach Obstsorte das Obst eventuell schälen!
- Die optimale Vitaminversorgung – besonders auch in der kalten Jahreszeit!

Rezeptvariante:

- Mit etwas Honig oder Zucker verfeinern.

Milchschaum

200 g	**Milch (1,5%, eiskalt!)**	
2 – 3	**Eiswürfel**	in den Mixtopf geben, kurz auf Stufe 5 (bis die Eiswürfel zerkleinert sind) und dann 3 Minuten / Stufe 3 mixen. Anschließend weitere 3 Minuten / 60° / Stufe 2 (3 Minuten / 60° / Stufe 1) erwärmen.

Anmerkung:

- Für die Zubereitung von Milchschaum mit 500 g Milch die Eiswürfelmenge entsprechend erhöhen. Die Rührzeiten bleiben hier allerdings gleich!

Serviervorschläge:

- Sehr lecker auf Cappuccino (siehe dazu separates Rezept, Seite 93).
- Als Häubchen auf einem Eiskaffee. Hierfür den Schaum aber nicht noch extra erwärmen!

Cappuccino

20 g	**Schokolade (Zartbitter)**	in den Mixtopf geben und 5 Sekunden / Stufe 6 zerkleinern.
500 g	**Milch**	
2 EL	**Kaffee (löslich)**	
1 – 2 TL	**Zucker**	zugeben und 6 Minuten / 80° / Stufe 2 erhitzen. Anschließend noch 10 Sekunden / Stufe Turbo aufschäumen.

Rezeptvariante:

- Noch 50 g Amaretto zugeben.

Schokolade, heiße

Ca. 75 g	**Schokolade (in Stücken)**	in den Mixtopf geben und 3 bis 4 Sekunden / Stufe Turbo pulverisieren.
500 g	**Milch**	zugeben und alles 5 Minuten / 80° / Stufe 2 erhitzen.

Rezeptvarianten:

- Süße Variante – Vollmilch-Schokolade.
- Herbe Variante – Zartbitter- oder Block-Schokolade.
- „Feurige" Variante – Bitterschokolade mit Chili.

Lebkuchenmilch

1	**Lebkuchen (weich, in Stücken)**	in den Mixtopf geben und 5 Sekunden / Stufe 4 zerkleinern (bei Stufe 4 auf das laufende Messer fallen lassen).
500 g	**Milch**	zugeben und alles 3 Minuten / 80° / Stufe 2 erhitzen. Anschließend 10 Sekunden / Stufe Turbo aufschäumen.

Rezeptvarianten:

- Mit einem Schuss Amaretto verfeinern.
- Cremige Nachspeise: 2 Lebkuchen, 250 g Milch in den Mixtopf geben, 3 Minuten / 90° / Stufe 4 erhitzen und anschließend 10 Sekunden / Stufe Turbo aufschäumen.

Latte Macchiato (ca. 3 Gläser)

500 g	**Milch (1,5 %)**	in den Mixtopf geben und 3 Minuten / 80° / Stufe 1 erwärmen. In der Zwischenzeit
1 gr Ta	**Espresso**	kochen. Sobald die Milch warm ist, 40 Sekunden / Stufe Turbo aufschäumen. Die Gläser zu 2/3 mit dem heißen Milchschaum füllen und etwa 1 Minute in den Gläsern stehen lassen. Vorsichtig und langsam mit Espresso aufgießen.

Anmerkung:

- Den Espresso am besten über den „Rücken“ eines Löffels langsam eingießen, damit sich 3 Schichten bilden. Der Espresso „sitzt“ dann auf der cremigen Milch und der leichte Schaum setzt sich oben ab.

Rezeptvarianten:

- Für Kinder: koffeinfreien Kaffe verwenden.
- Starken Kaffee statt Espresso nehmen.

Schmandkuchen mit Mandarinen

Teig

4	**Eier**	
250 g	**Zucker**	in den Mixtopf geben und 50 Sekunden / Stufe 4 schaumig rühren.
300 g	**Schmand**	
350 g	**Weizenmehl (Type 405)**	
1 Pck	**Backpulver**	zugeben und auf Stufe 4 mit Hilfe des Spatels unterrühren. Den Teig auf ein gefettetes Backblech geben.

Belag

4 kl Do	**Mandarinen**........	gut abtropfen lassen und auf dem Teig verteilen.
50 g	**Zucker**	
100 g	**Mandeln (gehobelt)**	in eine kleine Dose mit Deckel geben, durch Schütteln vermischen und über die Mandarinen geben. Bei 180° ca. 25 Minuten backen.

Anmerkung:

- Die halbe Menge reicht für 1 Springform.

Rezeptvarianten:

- Mandarinen durch Kirschen ersetzen, dann eventuell die Mandeln weglassen.
- Statt der Mandeln kann man auch sehr gut Kokosflocken verwenden. Diese dann mit einem Ei vorher im Wunderkessel verrühren und auf die Masse geben. Mit etwas Wasser besprühen, damit sie im Ofen nicht verbrennen!

Förstertorte

Boden (am Vortag)

250 g	**Haselnüsse**	in den Mixtopf geben, 30 Sekunden / Stufe Turbo mahlen, umfüllen und zur Seite stellen.
4	**Eier**	
150 g	**Butter (Zimmertemperatur)**	
125 g	**Zucker**	in den Mixtopf geben und 20 Sekunden / Stufe 5 bis 6 schaumig rühren. Die gemahlenen Haselnüsse, sowie
2 TL	**Backpulver**	
2 TL	**Kakao (Instant)**	zugeben und auf Stufe 3 mit Hilfe des Spatels unterrühren. Den Boden einer 26er Springform mit Backpapier auslegen, den Teig einfüllen und glatt streichen. Auf der untersten Schiene im vorgeheizten Backofen bei 190° etwa 20 bis 30 Minuten backen. Nach dem Backen den noch warmen Boden vorsichtig vom Backpapier lösen, zum Auskühlen auf ein Kuchengitter legen und mit
1 Gl	**Preiselbeeren**	bestreichen. Den Boden (am besten über Nacht) auskühlen lassen.

Belag

		Rühraufsatz einsetzen!
2 Be	**Sahne**	

2 Pck **Sahnesteif** .... in den Mixtopf geben und im Intervall auf Stufe 4 (Stufe 3) steif schlagen.
Die Sahne kuppelartig auf dem Boden verteilen und mit

Schokolade (geraspelt) .... bestreuen.

Anmerkungen:

- Der Boden kann bereits am Vortag zubereitet werden, die Sahne sollte allerdings frisch serviert werden.
- Der rohe Teig ist ziemlich „matschig".
- Die Backzeit des Bodens hängt vom jeweiligen Backofen ab.
- Sahnesteif und Butter lassen sich einfach selbst herstellen. Entsprechende Rezepte finden Sie in unserem Band 1.

Rezeptvarianten:

- Den Boden mit Hilfe eines Zwirns waagerecht teilen und die Preiselbeeren zwischen den beiden Bodenhälften verteilen. Der Boden wird dadurch noch saftiger und die Sahne verfärbt sich nicht.
- Statt Preiselbeeren Kirschen verwenden.
- Zusätzlich ein paar Spritzer Eierlikör über die Sahne geben.
- Haselnüsse durch Walnüsse austauschen. Dann allerdings zusätzlich 80 g Weizenmehl (Type 405) und ca. 50 bis 80 g Milch zum Teig geben. Bei dieser Zubereitung bietet es sich auch an, den Kuchen in einer 28er Springform zu backen und anschließend mit 12 Walnusshälften zu verzieren.
- Butter durch 120 g Öl (geschmacksneutral, z.B. Sonnenblumenöl) austauschen.

Hüft-Slammer-Hammer (alias Macadamia-Birnen-Torte)

Boden

130 g	**Macadamia-Nüsse**	in den Mixtopf geben, 4 Sekunden / Stufe 7 grob hacken und umfüllen.
160 g	**Butter (weich)**	
100 g	**Zucker**	
1 Pck	**Vanillezucker**	in den Mixtopf geben und 20 Sekunden / Stufe 3 cremig rühren.
130 g	**Mehl**	und die zerkleinerten Nüsse zugeben und 15 Sekunden / Stufe 3 unterrühren. Den Teig mit Hilfe eines Löffels in eine gefettete 26er Springform drücken, auf ein mit Backpapier ausgelegtes Backblech geben und bei 180° im Backofen ca. 20 Minuten goldbraun backen. Den vorgebackenen Boden aus dem Backofen nehmen und die Backtemperatur auf 190° hochschalten.

Füllung

230 g	**Frischkäse (Doppelrahmstufe, Zimmertemperatur)**	in den Mixtopf geben und 10 Sekunden / Stufe 3 glatt rühren.
100 g	**Zucker**	
1 gr	**Ei**	
1 Pck	**Vanillezucker**	zugeben, 10 Sekunden / Stufe 3 untermischen und dann auf dem Tortenboden gleichmäßig verteilen.

1 gr Do	**Birnen**	gut abtropfen lassen, in dünne Scheiben schneiden und auf die Füllung geben.
1 TL	**Zucker**	
1 TL	**Zimt**	in einem kleinen Schälchen vermischen und gleichmäßig über die Birnen streuen. Die Torte weitere 30 Minuten bei 190° backen. Danach abkühlen lassen und über Nacht in den Kühlschrank stellen.

Anmerkungen:

- Die Torte muss durchkühlen, damit sie schön saftig wird.
- Falls der Frischkäse direkt aus dem Kühlschrank kommt, vor der Verarbeitung ca. 30 Sekunden / 37° / Stufe 2 (ca. 30 Sekunden / 40° / Stufe 2) kurz erwärmen.
- Das Backblech sollte mit Backpapier ausgelegt sein, falls beim Backen des Bodens etwas Butter seitlich herausläuft.
- Vanillezucker, Frischkäse und Butter lassen sich einfach selbst herstellen. Entsprechende Rezepte finden Sie in unserem Band 1.

Rezeptvarianten:

- Statt 1 großem Ei 2 kleine Eier verwenden.
- Frische Birnen verwenden. Diese dann allerdings vor der Verarbeitung im Garaufsatz dünsten, bis sie weich genug sind.
- Macadamia-Nüsse durch Cashew-Kerne (ungesalzen!) austauschen. (Gesalzene Cashew-Kerne müssen unbedingt abgespült und vor der Verarbeitung gut abgetrocknet werden!).
- Statt Birnen Aprikosen oder Pfirsiche verwenden.

Reisfladen

Milchreis

		Rühraufsatz einsetzen!
1 l	**Milch**	
100 – 120 g	**Zucker**	
2 EL	**Vanillezucker (selbst hergestellt)**	
20 g	**Butter**	
1 Pr	**Salz**	in den Mixtopf geben und 10 Minuten / 100° / Stufe 1 aufkochen.
120 g	**Milchreis**	einstreuen und alles 45 Minuten / 90° / Stufe 2 kochen. Den Milchreis im Mixtopf ca. 2 Stunden gut ausquellen lassen. Anschließend
2	**Eier**	zugeben und 1 Minute / Stufe 3 unterrühren. Die relativ flüssige Masse umfüllen und den Mixtopf säubern.

Hefeteig

300 g	**Weizenmehl (Type 405)**	
10 g	**Hefe**	
20 g	**Zucker**	
20 g	**Butter**	
1 Pr	**Salz**	
130 g	**Wasser**	in den Mixtopf geben, 3 Minuten / Teigstufe kneten und entnehmen.

Eine gefettete Springform mit etwa der Hälfte des Hefeteigs auslegen (evtl. einen kleinen Rand hochziehen). Der Teig sollte möglichst dünn sein!

		Die Reismasse darauf verteilen, mit
etw	**Zucker (braun)**	bestreuen und im Backofen 60 Minuten bei 200° backen.

Anmerkungen:

- Die andere Hälfte des Hefeteiges wird für dieses Rezept nicht benötigt. Fest in Alufolie eingewickelt und im Kühlschrank aufbewahrt bleibt er gut 1 Woche frisch.
- Vanillezucker und Butter lassen sich einfach selbst herstellen. Entsprechende Rezepte finden Sie in unserem Band 1.

Rezeptvariante:

- Butter durch Öl ersetzen.

Hefezopf, riesiger

250 g	**Milch**	in den Mixtopf geben und 1½ Minuten 37° / Stufe 1 (1½ Minuten / 40° / Stufe 1) erwärmen.
80 g	**Butter**	
1 Wü	**Hefe**	zugeben und 8 Sekunden / Stufe 5 unterrühren.
500 g	**Weizenmehl (Type 405)**	
100 g	**Zucker**	
1 Pr	**Salz**	
2 Tr	**Vanillearoma**	
1	**Ei**	zugeben und 3 Minuten / Teigstufe kneten. Kurz vor Ende der Rührzeit
etw	**Mehl**	und
evtl.	**Rosinen (nach Belieben)**	zugeben. Den Teig entnehmen, zu einem Zopf flechten und auf ein mit Backpapier ausgelegtes Backblech legen. Bei 50° im Backofen 15 Minuten gehen lassen, mit
etw	**Ei (verquirlt)**	bestreichen und mit
etw	**Hagelzucker**	und
etw	**Mandeln (gehobelt)**	bestreuen. Weitere 25 bis 30 Minuten auf der mittleren Schiene bei 200° fertig backen.

Anmerkungen:

- Den Zopf am besten diagonal auf dem Backblech platzieren, da er „riesige" Ausmaße annimmt!

- Falls der Teig etwas klebrig ist, mit geölten Händen formen!
- Je nachdem, wie gut der Backofen heizt, eventuell etwas Backpapier oder Alufolie auf den Zopf legen, falls er zu braun wird.
- Butter lässt sich einfach selbst herstellen. Ein entsprechendes Rezept finden Sie in unserem Band 1.

Rezeptvarianten:

- Vanillearoma durch 1 Tr Bittermandelöl, 1 Tr Zitronenöl oder Bourbon-Vanille (gemahlen) ersetzen oder komplett weglassen.
- Statt Zucker und Vanillearoma 100 g selbst gemachten Vanillezucker verwenden (siehe dazu separates Rezept in Band 1, Seite 117).
- Mit Milch statt mit Ei bestreichen.
- Zwei kleine Zöpfe formen.
- Kalorienreduzierte Variante: Zucker durch 1½ TL Flüssigsüßstoff und Butter durch Halbfettbutter oder -margarine ersetzen. Das Ei komplett weglassen. Die Mehlmenge um 50 g erhöhen.
- Aus dem Teig Rosinenbrötchen formen.
- Als Brötchen backen und die noch heißen Brötchen nach dem Backen direkt in einer Zucker-Zimt-Mischung wälzen.
- Optisch ansprechende Variante: Aus 2/3 des Teiges einen großen Zopf flechten. Mit dem Nudelholz in diesen der Länge nach eine Vertiefung drücken und den Zopf komplett mit Ei bestreichen. Aus dem restlichen 1/3 des Teiges einen kleinen Zopf flechten, diesen ebenfalls mit Ei bestreichen und in die Mulde des ersten Zopfes legen. Wie oben beschrieben gehen lassen und backen.
- Vor dem Flechten die drei Zopfstränge ausrollen, mit einer Mischung aus 200 g Mandeln, 100 g Walnüsse und 150 g Zucker – 20 Sekunden / Stufe Turbo gemahlen und mit 120 g Wasser verrührt – bestreichen, wieder aufrollen und anschließend erst zum Zopf flechten.

Serviervorschlag:

- Mit Marmelade, Honig und/oder Butter servieren.

Faule-Weiber-Kuchen

Teig

200 g	**Weizenmehl (Type 405)**	
1 TL	**Backpulver**	
70 g	**Butter (Zimmertemperatur)**	
70 g	**Zucker**	
1	**Ei**	in den Mixtopf geben, kurz auf Stufe 4 verrühren und anschließend 1 Minute / Teigstufe zu einem Mürbeteig verarbeiten. Den Teig umfüllen und ca. 30 Minuten kühl stellen.

Füllung

500 g	**Magerquark**	
1 Be	**Schmand**	
120 g	**Zucker**	
2	**Eier**	
1 Pck	**Puddingpulver (Vanille)**	
180 g	**Milch**	
60 g	**Öl**	in den Mixtopf geben und 30 Sekunden / Stufe 4 bis 5 (gegebenenfalls mit Hilfe des Spatels) verrühren.
		Den gekühlten Teig nun in eine gefettete Springform füllen, den Rand hochziehen und die Füllung auf den Boden gießen.
1 Do	**Mandarinen**	abtropfen lassen (Saft auffangen!) und vorsichtig auf der Füllung verteilen.

		Im Backofen bei 160° ca. 50 bis 60 Minuten backen. Anschließend den Mandarinensaft in den Mixtopf einwiegen und mit
	Wasser	auf 250 g auffüllen.
1 Pck	**Tortenguss (klar)**..................	zugeben und 3 Minuten / 100° / Stufe 1 bis 2 aufkochen lassen. Den Guss auf den erkalteten Kuchen geben und fest werden lassen.

Anmerkungen:

- Wenn der Teig noch etwas klebrig ist, hilft es, ihn zwischen Frischhaltefolie auszurollen.
- Butter lässt sich einfach selbst herstellen. Ein entsprechendes Rezept finden Sie in unserem Band 1.

Rezeptvarianten:

- Den Schmand weglassen.
- Andere Obstsorten verwenden, z.B. Aprikosen, Kirschen etc.

Biskuit

		Rühraufsatz einsetzen!
6	**Eiweiß**	in den Mixtopf geben und 2 Minuten / Stufe 4 verrühren.
160 g	**Zucker**	
1 EL	**Vanillezucker**	zugeben und weitere 2 Minuten / Stufe 4 rühren. 15 Sekunden vor Ablauf der Zeit
6	**Eigelb**	zugeben.
240 g	**Weizenmehl (Type 405)**	
1 TL	**Backpulver**	zugeben und 20 Sekunden / Stufe 2 unterheben. Den Teig sofort in eine Backform (z.B. Springform) umfüllen und bei 200° Ober-/Unterhitze im vorgeheizten Backofen ca. 25 Minuten backen.

Anmerkungen:

- Der Mixtopf muss fettfrei und kalt sein! Ebenso sollte die Backform nicht eingefettet sein, sonst geht der Biskuit nicht richtig auf!
- Das Mehl darf nur kurz untergerührt werden, sonst wird der Teig „kaputt gerührt".
- Biskuit gelingt am besten bei Ober-/Unterhitze.
- Den Teig nach dem Umfüllen in die Backform direkt in den vorgeheizten Ofen geben.
- Frische Eier verwenden.

Rezeptvariante:

- Den Teig mit 4 Eiern zubereiten (die anderen Zutaten ebenfalls entsprechend reduzieren!), auf einem Backblech backen und anschließend zu einer Biskuitrolle weiterverarbeiten.

Butterkuchen, falscher

250 – 300 g	**Zucker**	
400 g	**Weizenmehl (Type 405)**	
1½ Pck	**Backpulver**	
1 Pck	**Vanillezucker**	
2	**Eier**	
250 g	**Buttermilch**	in den Mixtopf geben, 1½ Minuten / Stufe 5 vermischen und auf einem Backblech verteilen.
1 Pck	**Vanillezucker**	
100 g	**Mandeln (gehobelt)**	nacheinander über den Teig streuen. Anschließend bei 160° Umluft im Backofen 20 Minuten backen.
2 Be	**Sahne**	auf den noch heißen Kuchen gießen.

Anmerkungen:

- Nach dem Abkühlen ist die Sahne komplett eingezogen!
- Vanillezucker lässt sich einfach selbst herstellen. Ein entsprechendes Rezept finden Sie in unserem Band 1.

Rezeptvarianten:

- Buttermilch durch Joghurt oder Kefir ersetzen.
- Halbierte, frische Pflaumen auf den Teig geben. Darüber nur eine Mischung aus Zucker, Zimt und Vanillezucker streuen. Den Kuchen ca. 5 Minuten länger backen.
- Als Bienenstich: Den fertigen Butterkuchen waagerecht durchschneiden, so dass zwei gleich große Platten entstehen. 2 Pck Vanillepudding mit 150 g Zucker und 500 g Milch kochen und abkühlen lassen. Dann 3 Becher Schmand unterrühren. Die Füllung auf der unteren Teigplatte gleichmäßig verteilen und mit der oberen Platte bedecken.

Zuckerbrot

500 g	**Weizenmehl (Type 405)**	
1 Pck	**Trockenhefe**	
25 g	**Butter (weich)**	
325 g	**Milch (Zimmertemperatur)**	
1 EL	**Zucker**	
1 TL	**Salz**	
1 TL	**Zimt**	in den Mixtopf geben und 2 Minuten / Teigstufe kneten. Den Teig im Mixtopf ca. 1 Stunde gehen lassen. Anschließend zu einem Rechteck ausrollen,
150 g	**Grümmelkandis**	darauf verteilen und etwas andrücken. Die Teigplatte von der unteren Seite her 2/3 einschlagen und dann das obere Drittel darüber schlagen. Nochmals zu einem Rechteck ausrollen und dann zu einer dicken Rolle aufrollen. Die Teigrolle in eine gefettete Kastenform legen und dort abgedeckt 30 Minuten gehen lassen. Anschließend mit
2 EL	**Grümmelkandis**	bestreuen und bei 220° im Backofen ca. 40 Minuten backen. Nach dem Backen auf ein Kuchengitter stürzen und die Oberseite direkt mit
	Wasser	bestreichen.

Anmerkungen:

- Durch das Bestreichen mit Wasser wird der Kuchen schön glänzend.
- Butter lässt sich einfach selbst herstellen. Ein entsprechendes Rezept finden Sie in unserem Band 1.

Rezeptvarianten:

- Trockenhefe durch 30 g Frischhefe ersetzen.
- Die Teigrolle in einer Gugelhupfform backen.
- Statt Grümmelkandis zerkleinerten Würfelzucker verwenden.
- Nach dem Gehen mit zerlassener Butter bestreichen und dann erst mit Grümmelkandis bestreuen.
- Zimt weglassen.

Hefeschnecken, „babbische“

Hefeteig

1 Wü	**Hefe**	
8 TL	**Zucker**	
200 g	**Milch**	
60 g	**Margarine**	in den Mixtopf geben und 1 Minute / 37° / Stufe 2 (1 Minute / 40° / Stufe 2) erwärmen.
500 g	**Weizenmehl (Type 405)**	
1 TL	**Salz**	zugeben und 2 Minuten / Teigstufe zu einem Hefeteig verarbeiten. Den Teig im Mixtopf ca. 20 Minuten gehen lassen, dann nochmals 1 Minute / Teigstufe kneten, entnehmen und den Mixtopf säubern.

Füllung

200 g	**Mandeln**	in den Mixtopf geben und 30 Sekunden / Stufe Turbo fein mahlen.
200 g	**Butter (weich)**	
200 g	**Zucker**	zugeben und alles 10 Sekunden / Stufe 3 vermischen.

Den Hefeteig rechteckig ausrollen, mit der Füllung bestreichen und von der langen Seite her aufrollen.
Etwa 2 bis 3 cm breite Scheiben anschneiden und diese mit der Schnittfläche auf ein mit Backpapier ausgelegtes Backblech legen. Dabei einen Abstand von ca. 2 cm zwischen den einzelnen „Schnecken“ einhalten.

		Nochmals gehen lassen, bis sich die einzelnen Schnecken berühren. Im vorgeheizten Backofen bei 180° ca. 15 bis 20 Minuten goldbraun backen. Kurz vor Ende der Backzeit
200 g	**Milch**	
1 Pck	**Vanillezucker**	in einem Schälchen vermischen und gleichmäßig über die Hefeschnecken gießen. Danach nochmals für mindestens 5 Minuten in den Backofen geben.

Anmerkungen:

- Vanillezucker und Butter lassen sich einfach selbst herstellen. Entsprechende Rezepte finden Sie in unserem Band 1.

Rezeptvarianten:

- Den Teig auf dem vorbereiteten Backblech ausrollen, gehen lassen und mit der Füllung bestreichen. Nicht mehr aufrollen! Kurz vor Ende der Backzeit die Milch-Vanillezucker-Mischung gleichmäßig über die Füllung gießen.
- Statt Mandeln Haselnüsse oder eine Mandel-Haselnuss-Mischung verwenden.
- Apfelfüllung: 4 bis 5 Äpfel schälen, achteln und zusammen mit 1 EL Butter (oder Margarine) und 100 g Zucker in den Mixtopf geben und 6 Minuten / 80° / Stufe 2 bis 3 aufkochen. Mit der Füllung wie oben angegeben weiter verfahren. Je nach Geschmack vor dem Aufrollen eventuell mit Zimt und Zucker bestreuen.

Streusel-Apfelkuchen, schneller

200 g	**Margarine**	
160 g	**Zucker**	
1 Pck	**Vanillezucker**	
1	**Ei**	
450 g	**Weizenmehl (Type 405)**	
1 Pck	**Backpulver**	in den Mixtopf geben, ca. 10 bis 20 Sekunden im Intervall auf Stufe 4 mit Hilfe des Spatels zu Streuseln verarbeiten und umfüllen. 2/3 der Streusel in eine Springform geben und festdrücken. Den Mixtopf säubern.
400 g	**Äpfel (in Stücken)**	in den Mixtopf geben, ca. 2 bis 3 Sekunden / Stufe 4 bis 5 auf die gewünschte Größe zerkleinern und umfüllen. Weitere
350 g	**Äpfel (in Stücken)**	ebenfalls wie oben angegeben zerkleinern. Die Äpfel auf den Teig geben, mit den restlichen Streuseln bestreuen und im Backofen bei 180° ca. 40 bis 50 Minuten backen.

Anmerkung:

- Vanillezucker lässt sich einfach selbst herstellen. Ein entsprechendes Rezept finden Sie in unserem Band 1.

Rezeptvarianten:

- Die Äpfel mit Zimt verfeinern.
- Äpfel durch z.B. Kirschen oder Apfel-Kirschmarmelade austauschen.

Marzipan-Amerikaner (ca. 11 Stück)

100 g	**Butter**	
1 Pck	**Vanillezucker**	
100 g	**Marzipanrohmasse**	
50 g	**Zucker**	in den Mixtopf geben und 3 Minuten / Stufe 3 verrühren.
2	**Eier**	durch die Deckelöffnung zugeben und 1 Minute / Stufe 3 unterrühren.
180 g	**Weizenmehl (Type 405)**	
80 g	**Stärke**	
3 TL	**Backpulver**	
½	**Bio-Zitrone (nur die Schale!)**	
3 EL	**Milch**	zugeben und kurz auf Stufe 3 unterrühren. (Nicht zu lange rühren!) Mit 2 Esslöffeln Häufchen auf ein mit Backpapier ausgelegtes Backblech setzen und diese bei 180° bis 200° im Backofen ca. 12 bis 15 Minuten backen. (Achtung! Die Backzeit hängt von der jeweiligen Größe ab, deshalb Sichtkontakt halten!) Für den Guss
5 EL	**Milch**	
75 g	**Marzipanrohmasse**	
150 g	**Puderzucker**	in den Mixtopf geben, 1 Minute / Stufe 4 verrühren und auf die noch warmen Amerikaner streichen.

Anmerkungen:

- Vanillezucker und Butter lassen sich einfach selbst herstellen. Entsprechende Rezepte finden Sie in unserem Band 1.

Nussschnecken (16 bis 20 Stück)

Hefeteig

125 g	**Milch**	
75 g	**Butter**	in den Mixtopf geben und 2 Minuten / 50° / Stufe 2 erwärmen.
500 g	**Weizenmehl (Type 405)**	
1 Wü	**Hefe**	
70 g	**Zucker**	
1 Pck	**Vanillezucker**	
2	**Eier**	
1 Pr	**Salz**	zugeben, 2 Minuten / Teigstufe kneten, den Teig umfüllen und abgedeckt 30 Minuten gehen lassen.

Nussfüllung

		Den Mixtopf säubern!
250 g	**Haselnüsse**	in den Mixtopf geben und 10 Sekunden / Stufe Turbo mahlen.
100 g	**Zucker**	
ein paar Tr	**Bittermandelöl**	
2	**Eiweiß**	zugeben und 8 Sekunden / Stufe 4 unterrühren.
		Den Hefeteig ausrollen (ca. 40 cm x 35 cm, etwa 1 cm dick) und
	Blätterteig (in gleicher Größe)	darauf legen. Den Teig einmal in der Mitte durchschneiden und die beiden Platten aufeinander legen (Reihenfolge nun von oben nach unten: B (Blätterteig), H (Hefeteig), B, H.

Den Teig ein weiteres Mal in der Mitte durchschneiden und wieder aufeinander legen, diesmal allerdings die obere Teigplatte umdrehen, so dass Blätterteig auf Blätterteig gelegt wird und oben und unten jeweils Hefeteig ist (Reihenfolge nun von oben nach unten: H, B, H, B, B, H, B, H).
Anschließend den Teig möglichst wieder auf die Ursprungsgröße der gesamten Platte ausrollen.
Nun die Nussfüllung darauf verteilen und die Teigplatte von der längeren Seite her aufrollen.
Die Rolle in ca. 1½ cm dicke Scheiben schneiden, diese jeweils etwas platt drücken, abgedeckt auf einem mit Backpapier ausgelegten Backblech nochmals 30 Minuten gehen lassen und dann bei 180° im Backofen ca. 20 bis 30 Minuten backen.

Zuckerguss

50 g **Puderzucker**
1 – 2 EL **Wasser** .... in einem kleinen Schälchen mit einer Gabel glatt rühren und die noch warmen Schnecken damit bestreichen.

Anmerkungen:

- Tiefgekühlten Blätterteig vor der Verarbeitung auftauen lassen oder direkt frischen Blätterteig verwenden.
- Vanillezucker und Butter lassen sich einfach selbst herstellen. Entsprechende Rezepte finden Sie in unserem Band 1.

Kirschaugen

300 g	**Weizenmehl (Type 405)**	
1 TL	**Backpulver**	
1 Pck	**Vanillezucker**	
100 g	**Zucker**	
2 TL	**Zitronensaft**	
1	**Ei**	
130 g	**Butter**	in den Mixtopf geben und ein paar Sekunden auf Stufe 4 bis 5 zu einem bröseligen Teig verarbeiten.
50 g	**Mandeln (gehobelt)**	zugeben und auf Stufe 3 ebenfalls unterrühren. Den Teig entnehmen, kurz mit der Hand verkneten und zu ca. 3 cm großen Kugeln formen. Die Kugeln auf mit Backpapier ausgelegte Backbleche verteilen. In jede Kugel eine kleine Vertiefung drücken und mit
jew ½	**Belegkirsche**	belegen. Bei 200° ca. 10 Minuten backen.

Anmerkung:

- Vanillezucker und Butter lassen sich einfach selbst herstellen. Entsprechende Rezepte finden Sie in unserem Band 1.

Rezeptvarianten:

- Belegkirschen durch Marmelade ersetzen.
- Amaretto oder Bittermandelaroma mit in den Teig geben.

Abkürzungsverzeichnis

Bd	Bund
Be	Becher
Do	Dose(n)
EL	Esslöffel
Fl	Flasche(n)
etw	etwas
g	Gramm
gr	groß(e)
geh	gehäuft(e)
gestr	gestrichen
Gl	Glas
gr	groß(e)
jew	jeweils
kl	klein(e)
l	Liter
MB	Messbecher (voll – 100 ml, halbvoll – 50 ml)
Msp	Messerspitze(n)
ml	Milliliter
Pck	Päckchen
Pr	Prise(n)
Sch	Schuss
Schei	Scheibe(n)
Schl	Schluck
Sp	Spritzer
St	Stange(n)
Stck	Stück(e)
Ta	Tasse(n)
TK	Tiefkühl
TL	Teelöffel
Tr	Tropfen
Tu	Tube(n)
VEG	Bei diesem Rezept handelt es sich um ein vegetarisches Rezept, bzw. beinhaltet es eine vegetarische Variante!
Wü	Würfel

Stichwortverzeichnis

U

X
Y

Impressum

Rezeptauswahl, Texte und Gestaltung:
Barbara Böing und Melanie Winkler-Vorbeck
E-Mail: info@wunderkessel.de

Druck:
RHIEM Druck GmbH, Voerde

5. Auflage September 2011

An Gut Forensberg 42, 52134 Herzogenrath
Tel.: 01805 - 31 21 00
(0,14 €/Min. aus dem Netz der T-Com,
ggf. abweichender Mobilfunktarif))
Internet: http://www.wunderkessel.de/
E-Mail: info@wunderkessel.de